本书系教育部人文社科青年项目（18YJC630149）

企业创新
生态系统演化机制及路径优化研究

宋燕飞　胡斌 ◎ 著

吉林大学出版社
·长春·

图书在版编目（CIP）数据

企业创新生态系统演化机制及路径优化研究 / 宋燕飞, 胡斌著. -- 长春：吉林大学出版社, 2022.11
ISBN 978-7-5768-1118-6

Ⅰ.①企… Ⅱ.①宋… ②胡… Ⅲ.①企业创新 – 研究 – 中国 Ⅳ.①F279.23

中国版本图书馆CIP数据核字(2022)第226009号

书　　名：企业创新生态系统演化机制及路径优化研究
QIYE CHUANGXIN SHENGTAI XITONG YANHUA JIZHI JI LUJING YOUHUA YANJIU

作　　者：宋燕飞　胡斌
策划编辑：高珊珊
责任编辑：单海霞
责任校对：高珊珊
装帧设计：刘　宇
出版发行：吉林大学出版社
社　　址：长春市人民大街4059号
邮政编码：130021
发行电话：0431-89580028/29/21
网　　址：http://www.jlup.com.cn
电子邮箱：jldxcbs@sina.com
印　　刷：河北华商印刷有限公司
开　　本：787mm×1092mm　　1/16
印　　张：9
字　　数：200千字
版　　次：2023年2月　第1版
印　　次：2023年2月　第1次
书　　号：ISBN 978-7-5768-1118-6
定　　价：68.00元

版权所有　翻印必究

序　言

随着"碳达峰、碳中和"发展目标的提出，新能源汽车作为汽车及相关领域融合新能源、大数据、人工智能、云计算等技术集成应用的重要载体，探索产业数字化转型道路成为重要趋势。然而在转型过程中，新能源汽车企业创新生态系统面临环境不确定、标准规则不统一、基础平台构建不完善、高水平人才配备不足及亟需相关政策支持等方面的系统演化瓶颈。

本书借助创新生态系统理论，在构建企业创新生态系统概念框架的基础上，以创新产品成功商业化为目的，探析企业创新生态系统中关键互补性资产的作用机制，通过对新能源汽车企业创业创新生态系统和企业生态位进行评价研究，综合运用数学模型、评价研究和实证分析的方法，从互补性资产的视角提出企业创新生态系统演化路径优化的对策建议。本书在对大量文献及理论研究分析的基础上，结合研究目标，从创新生态理论及特征，互补性资产、企业生态位、商业模式创新以及创新产品扩散等方面来探讨企业创新生态系统演化过程中的问题，研究目的主要有以下三个方面：

（1）提出企业创新生态系统的基本内涵。回顾和梳理企业创新生态系统相关基础理论和文献研究成果，为本书确定分析框架、选择研究切入点等工作提供线索和支持。为本书后续分析企业创新发展路径及演化机制和企业创新生态系统路径优化研究提供理论依据和支撑。

（2）探索企业创新生态系统演化机理。对企业创新生态系统演化过程中的演化动力、演化特性、演化风险以及演化阶段进行总结和梳理。企业创新生态系统的演化动力主要包括四个方面：技术创新、市场需求、制度创新、价值协同。演化特征主要有：自组织性、路径依赖性、环境选择性。结合企业创新生态系统的演化进程，研究了系统的演化风险：技术选择风险、生态位重叠风险、变革和锁定风险、道德风险、资源流失风险以及不确定性风险。最后研究了企业创新生态系统的演化阶段：开发期、创业期、成长期、成熟期、衰退期。

（3）构建面向互补性资产的企业创业创新生态系统和企业生态位评价体系。当企业技术能力不断提高到一定水平，在技术上会有突破性的创新，可能颠覆原有技术实现变轨，然而实现技术突破的企业未必能够最终获利。互补性资产作为一种具有协同效应的不同功能的资源及能力，是促进组织战略实施和管理实践的核心竞争能力。互补性资产对企业创新生态系统的演化发展具有重要影响，关键互补性资产的有效获取能够优化企业创新发展路径、提升企业生态位能级。结合互补性资产对企业创新生态系统的影响，初步构建企业创新生态系统和企业生态位的评价指标体系。

（4）从两种不同类型的企业层面，提出其企业创新生态系统路径优化的对策建议。从目前的市场表现上来看，上汽集团和蔚来汽车都是新能源汽车产品创新发展过程中的传统在位企业和创业企业的成功代表。根据传统在位企业创新发展以及创业企业强势颠覆的相关经验总结，以及对新能源汽车企业创业创新生态系统和企业生态位的评价结果对比，分别对传统在位企业和创业企业两种不同类型的企业层面，提出其创新生态系统路径优化的对策建议。

本书将生态学理论与企业创新发展的实践相结合，引入互补性资产等概念，借鉴生态学理论、生态位态势理论、互补性资产、系统科学、演化经济学等相关理论，探析企业创新生态系统的构成要素、相互关系和演化发展进程。结合企业创新的发展实践、产业特征，探索企业创新生态系统的演化发展进程。从企业创新生态系统内部各要素间的协同演化发展的角度出发，分析企业创新生态系统的关键影响因素、企业生态位评价以及系统演化等问题，进而提出企业创新生态系统的路径优化和能级提升的建议。主要章节内容安排如下：

第一章，从理论上对创新生态、企业创新生态系统的内涵、理论框架及相关理论研究进行综述。通过对企业创新生态系统内涵的界定，提出了本书研究的理论视角与逻辑框架，并对研究范围进行了界定。

第二章，企业创新生态系统演化机制分析，对企业创新生态系统演化过程中的演化动力、演化特性、演化风险以及演化阶段进行总结和梳理。

第三章，面向互补性资产的评价体系构建。对互补性资产的概念、分类、相关文献、研究热点等内容进行总结和梳理，并结合研究评述初步构建新能源汽车企业创业创新生态系统评价体系和企业生态位评价体系。

第四章，新能源汽车企业创业创新生态系统评价研究。从互补性资产视角切入，结合前文中初步构建的企业创业创新生态系统评价体系，对新能源汽车样本企业在进行新能源汽车产品创新推广过程中的系统能级进行评价，从创业创新动力、创业创新支持和创业创新环境三个方面进行综合评价。

第五章，新能源汽车企业生态位评价研究。结合前文中初步构建的企业生态位评价体系，对新能源汽车样本企业生态位"态"能级和"势"潜力的基本情况进行分析，并通过对预设指标体系进行有效性检验，确定企业生态位评价模型，通过突变级数法对新能源汽车企业生态位能级进行评价研究。

第六章，新能源汽车企业创新生态系统路径优化研究。选取传统汽车在位企业（上汽集团）和新能源汽车创新企业（蔚来汽车）为研究对象，总结传统企业创新发展路径、创业企业强势颠覆趋势，并进行对比分析。进而分别从传统在位企业和创业企业两种不同类型的企业层面，提出其创新生态系统路径优化的对策建议。

第七章，全书总结与研究展望。综合本书中的研究内容，整理相关的研究结论和主要研究成果，进一步针对企业创新生态系统演化的健康可持续提出相关建议。最后，指出本研究还存在的不足之处，并讨论未来可以进一步展开研究的内容和方向。

本书是作者依托教育部人文社科青年项目（18YJC630149）的研究思路及方案，对相关问题进行延展与深化的研究成果。本书虽然已经在相关领域取得了一定的创新性成果,但还有许多理论和实践问题需要深入研究。我们将以此为起点,不断推进我国自主创新及相关领域的创新理论深化和成果应用,发展和丰富创新生态系统理论和实践。本书在撰写过程中引用和参考了大量国内外的文献资料,在此,向相关专家和学者表示诚挚的感谢!受作者水平和实践所限,书中存在的疏漏和不当之处,敬请各位专家及读者批评指正。

目 录

第1章 企业创新生态系统相关理论 ······ 1

1.1 创新系统 ······ 1
1.1.1 创新 ······ 1
1.1.2 创新相关研究热点 ······ 3
1.1.3 创新系统 ······ 13

1.2 创新生态系统 ······ 15
1.2.1 基本内涵 ······ 15
1.2.2 影响因素 ······ 16
1.2.3 国内外研究热点 ······ 17

1.3 企业创新生态系统 ······ 25
1.3.1 内涵界定 ······ 25
1.3.2 构成要素 ······ 27
1.3.3 企业创业创新生态系统 ······ 30

1.4 企业生态位 ······ 31
1.4.1 企业生态位研究热点 ······ 32
1.4.2 企业生态位态势理论 ······ 41
1.4.3 企业生态位评价研究 ······ 42
1.4.4 企业生态位理论框架 ······ 44

1.5 本章小结 ······ 45

第2章 企业创新生态系统演化机制 … 46
2.1 演化动力 … 46
2.2 演化特性 … 48
2.3 演化风险 … 49
2.4 演化阶段 … 52
2.5 本章小结 … 54

第3章 面向互补性资产的评价体系构建 … 55
3.1 互补性资产 … 55
3.1.1 概念及分类 … 55
3.1.2 文献分析 … 57
3.1.3 关键词聚类分析 … 65
3.1.4 研究热点分析 … 67
3.2 评价体系构建 … 69
3.2.1 企业创业创新生态系统评价体系构建 … 69
3.2.2 企业生态位评价体系构建 … 72
3.3 本章小结 … 74

第4章 新能源汽车企业创业创新生态系统评价研究 … 75
4.1 基本情况 … 75
4.1.1 样本选取及数据来源 … 75
4.1.2 企业创业创新生态基本情况 … 76
4.2 评价方法选取及指标权重 … 79
4.2.1 突变级数法 … 79
4.2.2 熵值法 … 80
4.2.3 归一化处理 … 81
4.3 评价体系有效性检验 … 81

		4.3.1 预设指标体系	81
		4.3.2 指标数据有效性检验	82
	4.4	评价结果分析	85
		4.4.1 评价模型设计	85
		4.4.2 突变类型确定	89
		4.4.3 评价结果	90
		4.4.4 对比分析	93
	4.5	本章小结	94
第5章	新能源汽车企业生态位评价研究		95
	5.1	基本情况	95
		5.1.1 企业生态位"态"能级基本情况	95
		5.1.2 企业生态位"势"潜力基本情况	96
	5.2	评价体系有效性检验	97
		5.3.1 预设指标体系	97
		5.3.2 指标数据有效性检验	98
	5.3	评价结果分析	100
		5.3.1 评价模型设计	100
		5.3.2 突变类型确定	103
		5.3.3 评价结果	104
		5.3.4 对比分析	107
	5.4	本章小结	108
第6章	新能源汽车企业创新生态系统路径优化研究		109
	6.1	传统企业创新发展	109
	6.2	创业企业强势颠覆	112
	6.3	对比分析	116

6.4 路径优化对策 ··· 120
    6.4.1 传统在位企业路径优化对策 ·· 120
    6.4.2 创新创业企业路径优化对策 ·· 121
6.5 本章小结 ··· 122

第 7 章 研究总结与展望 ·· 124
7.1 全书总结 ··· 124
7.2 不足与展望 ·· 124

参考文献 ·· 126

附录 A 新能源汽车企业创业创新生态系统评价指标原始数据 ················ 131

附录 B 新能源汽车企业生态位评价指标原始数据 ······························· 132

第 1 章　企业创新生态系统相关理论

本章内容主要对企业创新生态系统相关的概念、理论及研究热点进行总结梳理，包括四个方面：创新系统、创新生态系统、企业创新生态系统、企业生态位，为本书后续探索企业创新生态系统演化机制、构建面向互补性资产的评价体系奠定理论基础。

1.1　创新系统

1.1.1　创新

创新，通常意义上是一个技术概念，人类的发展、文明、进步都离不开创新的驱动。创新是推动全球发展、提升国家竞争优势、提高组织竞争能力的核心动力。创新的概念最早由经济学家熊彼特在1912年的著作《经济发展理论》中提出，并提出创新所涉及的五个方面，如下图1.1所示。

熊彼特认为创新的核心在于建立一种新的生产关系函数，实现生产要素与生产条件的重新组合，并将这一新的组合引入到已有的生产体系中；影响经济发展的核心是生产技术和生产方式的变革，并强调了企业家在创新和经济发展中的关键作用[1]。随着熊彼特提出的创新的定义，将其区别于传统的技术发明，对经济和社会科学领域具有重要的启发。

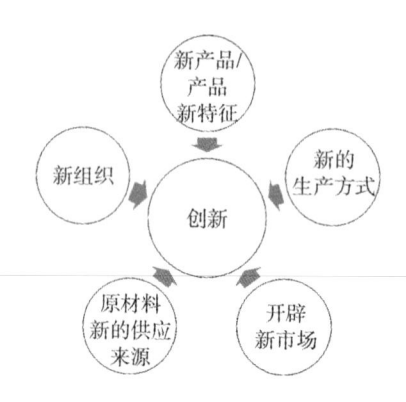

图1.1 熊彼特提出的创新的五个方面

熊彼特认为，创新产品商业化是一个复杂的过程，除了要求技术必须是成熟的，同时必须要有相应的配套产品和互补性技术。因此，一个公司不仅要复制一个新产品，还必须将其合并到一系列的物质结构和组织系统中。创新产品商业化过程中，有一些帮助大型企业从创新中获取回报的东西，但它的解释仅限于市场水平的垄断权力问题。

熊彼特认为在创新产品商业化过程中，企业规模的大小以及市场结构与创新之间有着密切联系，并通过对创新展开的一系列的研究，提出两个假说：（1）垄断力量与创新之间存在着正相关关系；（2）大企业比小企业承担着更大比例的创新份额。

随后，来自不同研究领域的学者在熊彼特提出的创新理论基础上，围绕创新的各个层面和方向开展了新的研究。

宏观层面上，Freeman提出了国家创新体系，提出由政府、企业、研究院所、中介机构等通过寻求一系列社会和经济发展目标而建设性地相互作用，并将创新作为变革和发展动力的系统，其主要功能是发挥政府的作用，优化国家创新资源配置，协调国家创新活动[2-3]。

中观层面上，Teece等人[4]提出了动态能力理论，主要是指企业只有通过不断创新才能够使其动态能力获得持久的竞争优势。这种优势能够协助企业适应不断变化的外部环境，降低交易费用，进而提高内部资源使用效率，进行资源整合、构建和重组的能力，是企业在长期经营过程中积累的无形资产。

微观层面上，陈劲和唐孝威[5]从神经创新学角度提出创新者是不同于发明者和创业者的独立人群，其发展和培养对产生伟大创新具有关键性作用。随着大脑科学技术的不断发展，神经创新学研究和探索了人的神经活动特征，有助于我们进一步观察和了解微观层面创新者的创新活动。

1.1.2　创新相关研究热点

（1）国内研究

以"中国知网"数据库为数据源，不限制时间条件，标题设定为"创新"的检索条件，并限定论文属"社科"领域"企业经济"学科，搜索得到符合条件的相关学术论文378 402篇，发表时间跨越1983年至2022年，按年度发表数量趋势如下图1.2所示，"创新"相关研究的主要和次要主题相关文献篇数分布如下图1.3和图1.4所示。

通过对"创新"（中国知网）相关研究文献初步筛选的全部检索结果进行可视化分析可以看出，我国对创新相关研究起步较早，在2001—2016年，被引频次最高为2 416次，涉及的关键词有知识经济，知识型员工，激励，激励因素，激励模式等方面，可以看出，在学术领域相关研究中，"创新"与"知识""商业模式""研发"以及"协同"等内容关联密切。具体被引频次前10位的国内"创新"相关文献情况如下表1.1所示。

从初步筛选出的相关文献中根据被引频次筛选出前500篇文献进行"创新"相关研究高频关键词的云图和知识图谱分析，高频关键词云图如下图1.5所示，知识图谱如下图1.6所示。

"创新"相关文献（中国知网）关键词前10位的频次自1995年至2022年的时间序列情况如下图1.7所示。

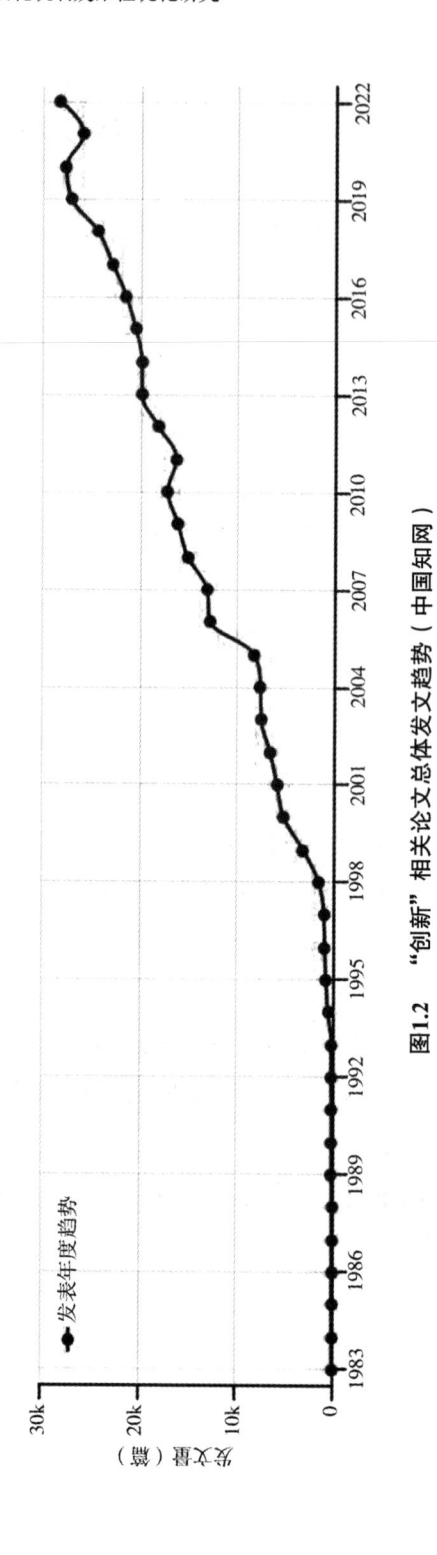

图1.2 "创新"相关论文总体发文趋势（中国知网）

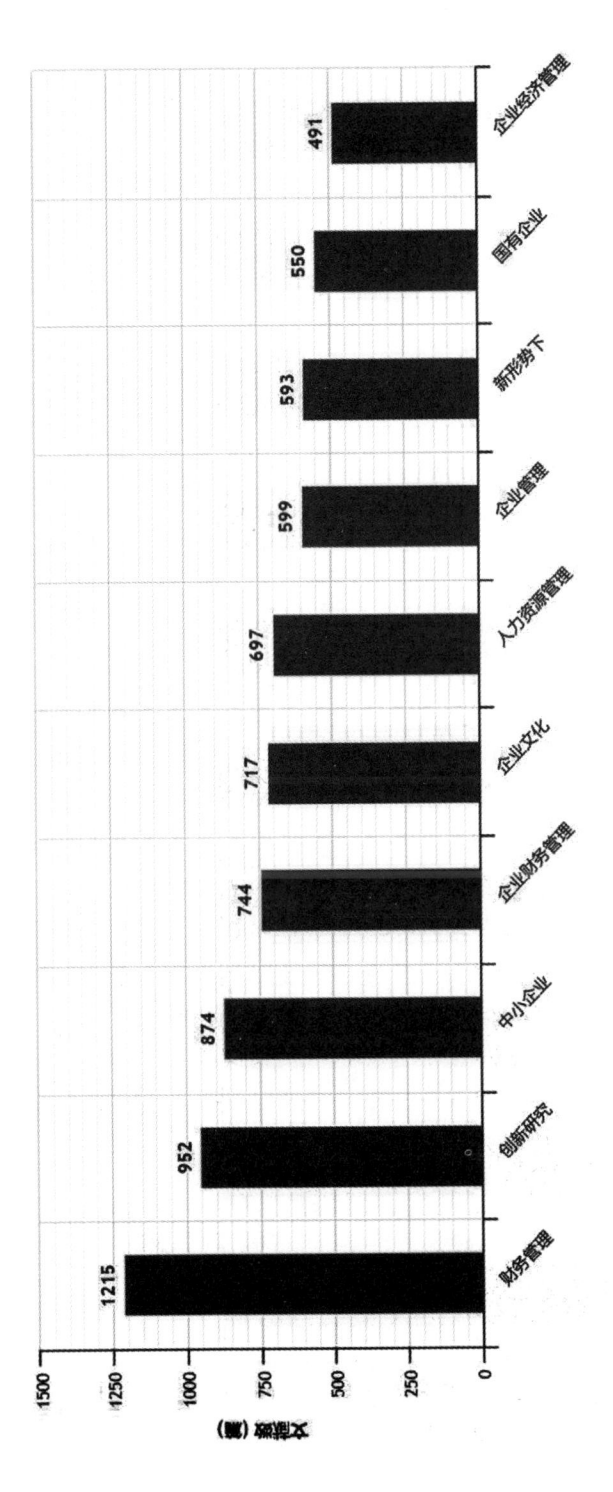

图1.3 "创新"相关主要主题分布前10位(中国知网)

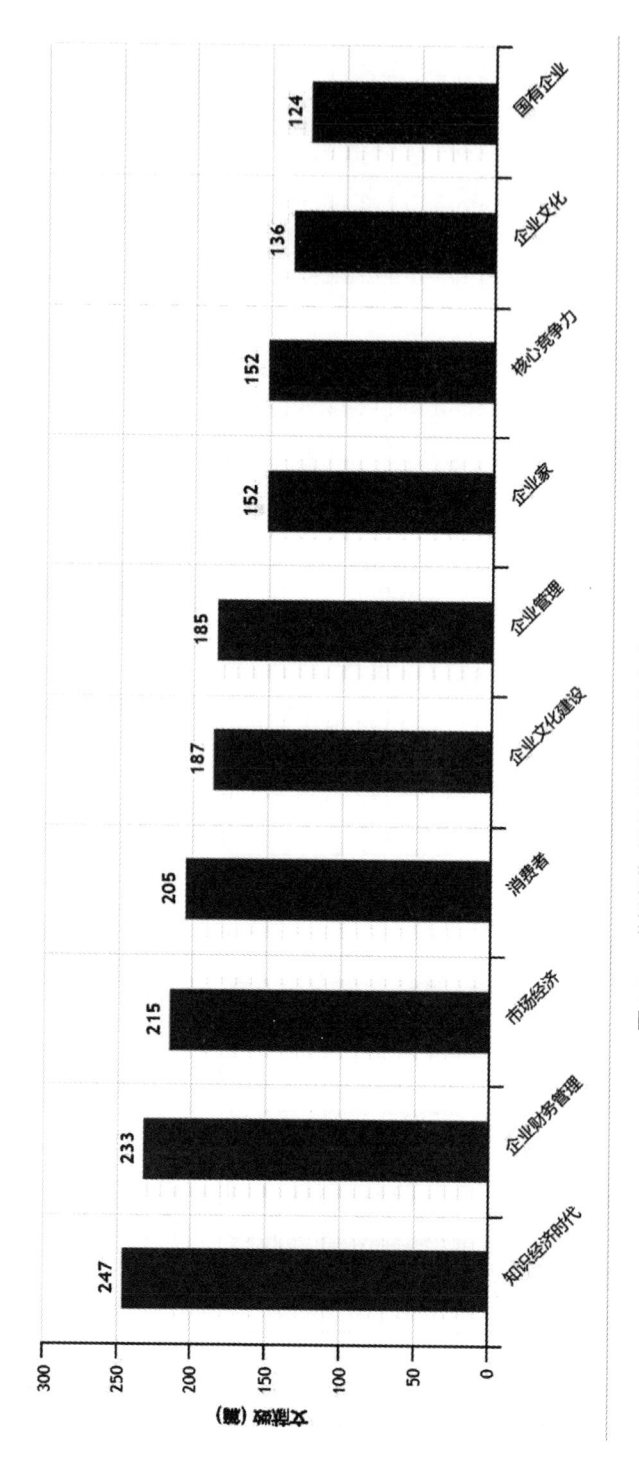

图1.4 "创新"相关次要主题分布前10位（中国知网）

表1.1 被引频次前10位的"创新"文献（中国知网）

编号	题名	关键词	作者	来源	发表年份	第一作者单位	被引频次
1	中国企业知识型员工激励机制实证分析	知识经济，知识型员工，激励，激励因素，激励模式	张望军，彭剑锋	科研管理	2001	中国人民大学	2416
2	融资约束、营运资本管理与企业创新可持续性	创新活动，融资约束，内部融资，营运资本	鞠晓生，卢荻，虞义华	经济研究	2013	中国人民大学	2057
3	金融发展、融资约束与企业研发投入	银行，金融发展，企业R&D投入	解维敏，方红星	金融研究	2011	东北财经大学	1793
4	互联网时代的商业模式创新：价值创造视角	互联网，商业模式，价值创造，连接红利	罗珉，李亮宇	中国工业经济	2015	西南财经大学	1666
5	中国上市公司治理与企业技术创新关系的实证分析	公司治理，技术创新，实证分析	冯根福，温军	中国工业经济	2008	西安交通大学	1419
6	实质性创新还是策略性创新？——宏观产业政策对微观企业创新的影响	产业政策，企业创新，政府补贴，税收优惠	黎文靖，郑曼妮	经济研究	2016	暨南大学	1416
7	政府R&D资助，企业R&D支出与自主创新——来自中国上市公司的经验证据	政府R&D资助，企业R&D支出，挤出效应，刺激效应	解维敏，唐清泉，陆姗姗	金融研究	2009	中山大学	1403
8	公司治理与技术创新：分行业比较	公司治理，研发投入，聚类分析，要素密集度，行业差异	鲁桐，党印	经济研究	2014	中国社会科学院	1326
9	R&D补贴对中国企业自主创新的激励效应	原始创新，二次创新，R&D补贴，激励效应，最优补贴方案	安同良，周绍东，皮建才	经济研究	2009	南京大学	1322
10	论企业集群的竞争优势	企业集群，协同效应，竞争优势	魏守华，石碧华	中国工业经济	2002	北京大学	1220

图1.5 "创新"相关文献高频关键词云图（中国知网）

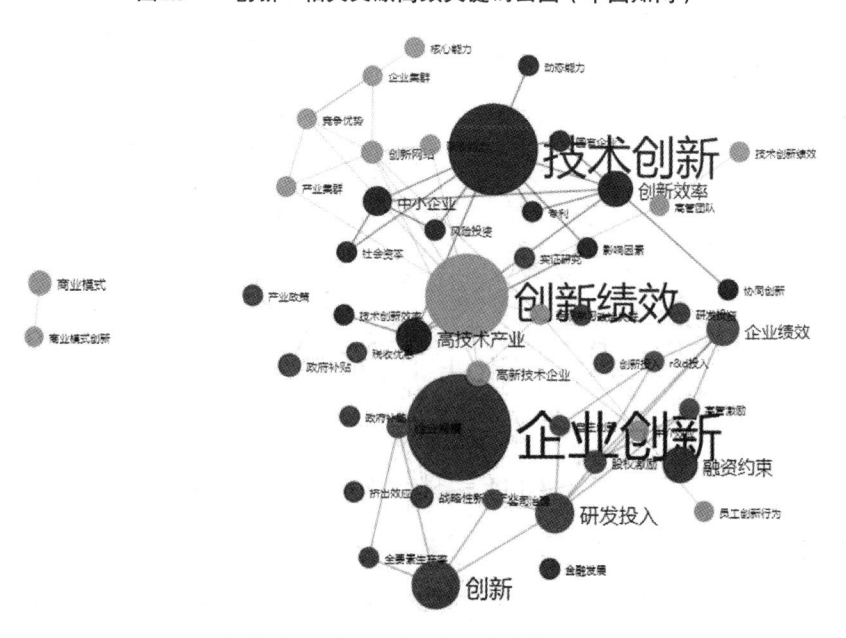

图1.6 "创新"相关文献关键词知识图谱（中国知网）

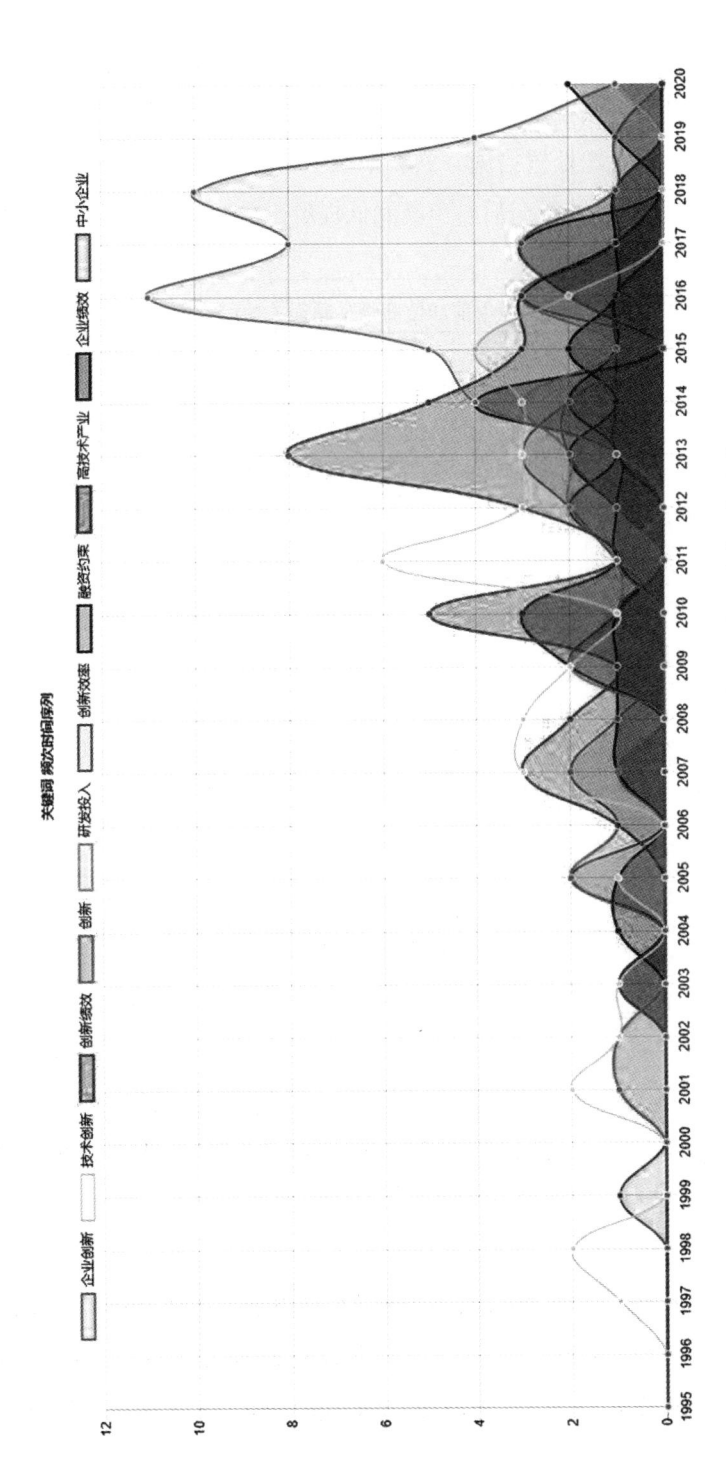

图1.7 "创新"相关文献关键词频次时间序列（中国知网）

利用文献题录信息统计分析工具——SATI对所选取的文献主题词进行抽取，抽取过程中采用了"文献去重""词干提取""应用停用词""应用分词"和"智能清洗"的智能处置措施，共获取独立关键词1212个。删除部分有明显错误和合并语义重复的词组后，由高到低提取出前20个高频词，如下表1.2所示。

表1.2 "创新"相关文献中前20位高频主题词（中国知网）

编号	关键词	频次	编号	关键词	频次
1	创新绩效	55	11	融资约束	15
2	企业	50	12	高技术产业	15
3	技术创新	46	13	创新网络	10
4	企业创新	45	14	战略性新兴产业	10
5	研发投入	36	15	产业集群	9
6	政府补贴	30	16	竞争优势	9
7	股权激励	21	17	自主创新	8
8	核心能力	18	18	风险投资	8
9	商业模式	16	19	公司治理	7
10	创新效率	15	20	员工创新行为	7

通过对"创新"（中国知网）相关文献的相关高频关键词和主题的分析，可以看出国内与创新相关的学术研究开始较早，整体发展趋势基本平稳，早期主要围绕技术创新、中小企业和企业绩效等方面进行研究。随着研究深入，更多学者开始对创新绩效、研发投入、高技术产业等方面进行探索和研究。其中，"政府补贴"在"创新"相关研究中频次较高，说明在创新过程中，非市场要素的作用得到较多关注。

（2）国外研究

以Web of Science核心合集数据库为数据源，时间设定为2006年至2022年，标题设定为"Innovation"（创新），并设定研究方向为"Business Economics"（商业经济学），研究类别为"Management"（管理）的精炼约束进行检索，对检索所得的文献进行类型和相关性的初步筛查后，再次根据被引频次由高至低筛选出相关学术文献共500篇。通过对筛选文献进行知识图谱分析得出如下图1.8所示。

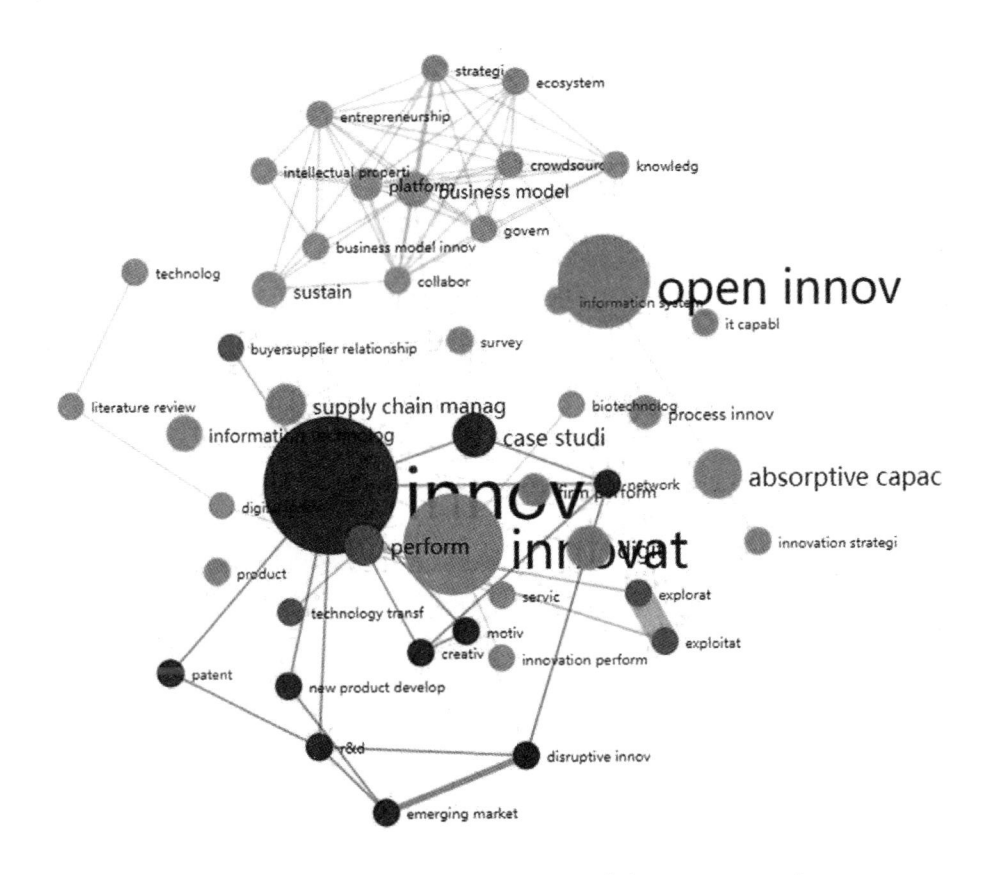

图1.8 "创新"相关文献关键词知识图谱（Web of Science）

"创新"相关文献（Web of Science）关键词前10位的频次自2006年至2022年的时间序列情况如下图1.9所示。

11

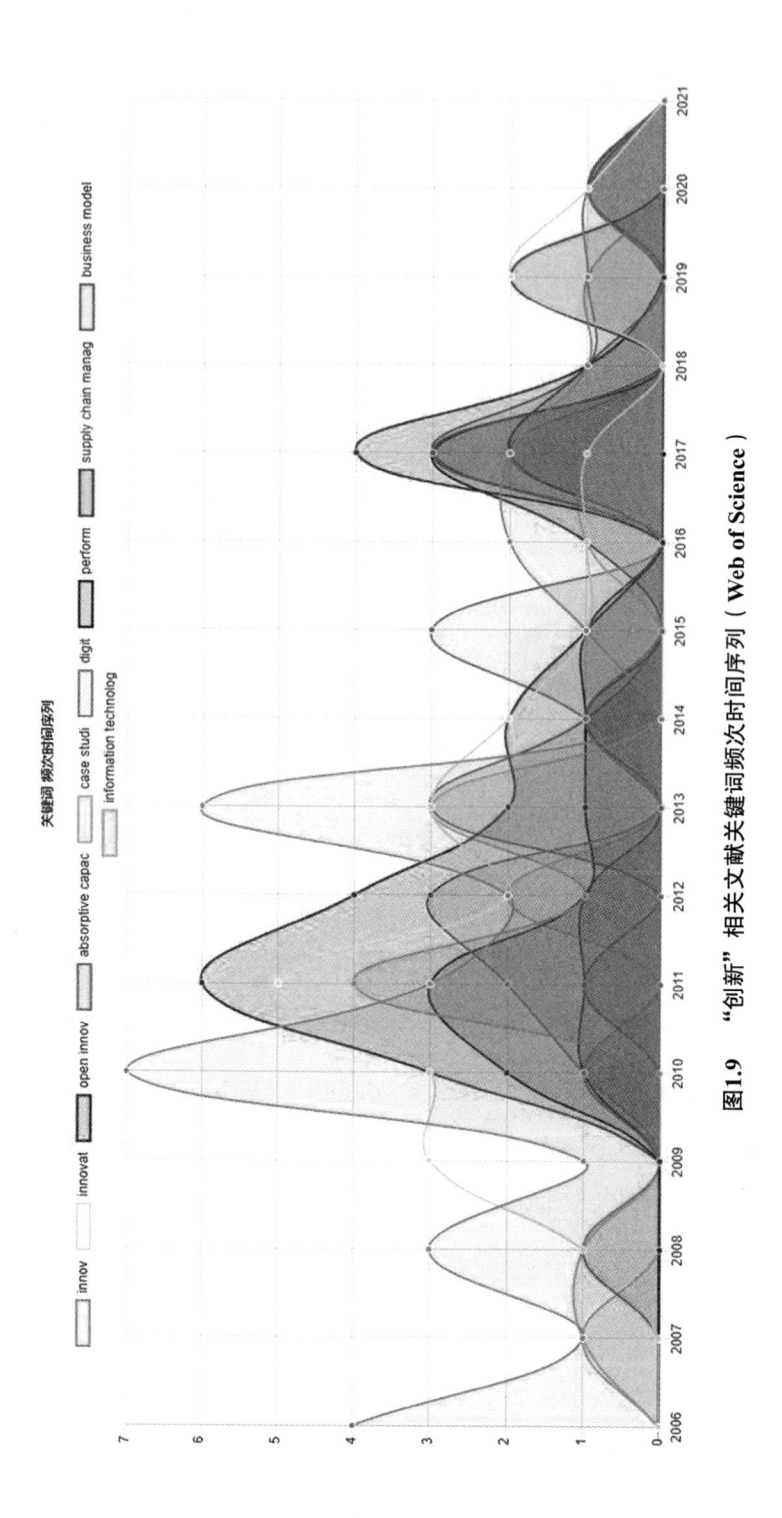

图1.9 "创新"相关文献关键词频次时间序列（Web of Science）

利用文献题录信息统计分析工具——SATI对所选取的文献主题词进行抽取，抽取过程中采用了"文献去重""词干提取""应用停用词""应用分词"和"智能清洗"的智能处置措施，共获取独立关键词1373个。删除部分有明显错误和翻译后重复的词组后，由高到低提取出前20个高频词如下表1.3所示。

表1.3 "创新"相关文献中前20位高频主题词（Web of Science）

编号	高频词	频次	编号	高频词	频次
1	创新	82	11	可持续	9
2	技术	27	12	产品	7
3	开放创新	23	13	服务	7
4	数字化	18	14	合作	6
5	性能	18	15	颠覆性创新	6
6	研发	17	16	新兴市场	6
7	平台	15	17	创业	5
8	商业模式	13	18	治理	5
9	吸收能力	12	19	知识产权	5
10	供应链管理	10	20	生态系统	4

通过对"创新"（Web of Science）相关文献的相关高频关键词和主题的分析，可以看出国外与创新相关的学术研究（商业经济学领域）自2006年起一直持续活跃，整体发展保持平稳，早期主要围绕开放式创新和供应链管理等方面进行研究。随着研究深入，更多学者开始对数字化、吸收能力、可持续、生态系统等方面进行探索和研究。可以看出，随着对创新研究的深入，研究方向开始转向创新系统和创新生态，并通过实证和案例研究探索创新相关的作用机理。

1.1.3 创新系统

创新系统是创新研究的一种新范式，是创新产品商业化和创新政策制定的理论基础[6]。自熊彼特提出创新概念以来，创新理论得到不断发展完善，从技术创新理论、制度创新理论，逐渐发展到知识经济时代的系统创新理论，再到多极化经济时代的复杂性创新理论。

（1）创新系统的特性

一是多主体性。在创新系统中，普遍认知的创新主体是企业。但创新系统内涉及的企业处于不同的价值链和供应链位置，例如供应商、行业协会、销售商、高校和科研院所等，它们都是创新系统内的主体，对创新系统都会产生影响。

二是多层次性。创新系统内的创新活动不是一维的，从企业、产业、国家到跨国的层次都可能进行创新活动，不同的创新活动涉及的层次不同，可能产生的创新效果也是不同的，这在一定程度上也体现了创新系统的复杂性。

三是环境复杂性。创新系统内的创新活动都是处于一定的经济社会和自然环境中的，会随着时间的推移而出现变化。例如，不可再生能源的不断消耗和匮乏促进了新能源产品的创新扩散。创新系统只有顺应环境的变化，能动地随着环境变化进行调整，提升系统柔性，才能够保证创新系统的可持续发展。

（2）创新系统的边界

创新系统本质上是一个分析框架，框架的边界具有灵活性、复杂性。如何定义"创新系统"将影响其系统边界，根据系统边界不同可以将创新系统分为三类：企业创新系统、国家创新系统、区域创新系统。

"企业创新系统"中的创新主体是"企业家"，从微观系统视角探索企业的创新行为。企业创新系统的研究随着创新研究的出现就已经展开，发展较早，且经久不衰。

在"国家创新系统"中，国家创新系统研究主要从实体和制度安排两个角度强调国家创新系统不同的内在结构和机理。国家创新系统包含一套机构和制度，促进知识生产、扩散和应用的各种活动和相互关系，以及包括技术交易、社会、法律、金融等系列支持系统[7]。

"区域创新系统"最早是从欧洲企业的研究中得出，主要是随着创新系统研究的不断深入，全球一体化和国际化的发展使得区域逐渐成为真正意义上的经济利益体。同时，相关的区域治理等内容成了学者研究的热点。

1.2 创新生态系统

国内外研究学者借鉴自然界生态系统的特征，将生态学方法引入到技术创新系统的相关研究中来，阐述了创新生态系统的含义、特征与构建方式等。

1.2.1 基本内涵

创新生态系统概念起源于商业生态系统，由学者运用创新理论与生态理论结合研究企业与国家的创新发展而逐步形成。从"创新"到"创新系统"，再到"创新生态系统"，这些不同概念体现的是对创新理论的不同理解和应用。创新生态系统是一种协同整合机制，是将生态系统中不同企业的创新成果转化为面向不同市场群体提供解决问题的方案整合的过程，创新生态系统的整体创新能力是影响企业市场拓展和创新绩效的关键要素[8]。《创新美国》研究报告中提出，创新是发明和眼光的相互作用而导致经济和社会价值的创造。因此，创新生态系统研究从以往的关注个体要素构成和资源配置问题的静态结构性分析，演变到强调创新行为主体间作用机制的动态演化分析。

不同学者基于各自的研究方向和应用，对不同类型创新生态系统的内涵进行了探索和研究，并给出了各自对创新生态系统的界定。例如，区域技术创新生态系统是技术创新组织与创新环境空间的整合，具有整体性、耗散性、复杂性和调控性等[9]。城市创新生态系统是城市创新和科技产业的集合，是具有自组织行的创新系统[10]。企业技术创新生态系统是企业技术创新组织与创新环境之间的相互作用形成的整体[11-13]。产业集群创新生态系统是指其创新种群按照功能的差异分为创新投入、创新服务、制度创新、原始创新、技术创新等不同的种群[14]。

1.2.2 影响因素

创新生态系统影响因素的研究不仅涉及系统内各创新主体的战略定位态势、空间载体、服务平台和人才等市场要素，还包括政府政策和服务、相关标准制定和整体创新环境等非市场要素，以及系统内构成要素之间的互动和连接关系。目前学者对创新生态系统影响因素的研究主要涉及创新技术、市场竞争、资源要素和政策因素等方面。例如，区域技术创新生态系统中的制约因子主要包括有市场因子、生态环境因子、制度与政策因子和技术因子[9]。杨道红[15]基于产业创新生态系统内涵，从政策法律环境、市场环境、资源支撑体系和企业技术创新能力等四方面构建了中国集成电路产业自主创新生态系统。曹如中等[16]从创意产业横向和纵向产业生态链研究创意产业生态系统演化机理，提出四个生态因子：政府、城市、消费需求和科技发展。

本文结合学者对创新生态系统影响因素的研究，结合本研究的侧重点和研究目的，从创新技术和政策环境两个方面分析其对企业创新生态系统的影响。

（1）创新技术

创新技术是创新生态系统演化的根本动力，是创新企业出现的主要原因。创新生态系统的演化伴随着创新技术的不断完善和发展，创新技术商业化能够给企业带来超额利润，从创新中获利。一方面，基础研究的不断发展为创新技术奠定了基础，提供了广阔空间，另一方面，创新技术的实现有赖于以研究开发为基础的技术积累达到一定程度。因此，创新技术能够影响创新生态系统的发展态势，但不能够急于求成，要在系统演化过程中不断发展和完善技术本身，才能够保持系统可持续发展。

（2）政策环境

政策环境对创新技术以及创新产品商业化的过程起到了关键作用，只有在良好的政策体系（如完善的知识产权保护制度、良好的监督机制等）下，才能够充分发挥创造主体的积极性和创造性。创新生态系统的动态演化性要以良好的创新生态为支持，要求制定和建立相应的促进创新生态形成的战略谋划和政策支撑体系。创新技术和创新活动都必须要在国家政策、法规、制度框架内进行。在创新生态系统发展过程中可能出现市场失灵的情况，需要通过政策环境的扶持和引导以维持良好的创新生态。政府部门不仅通过法律法规和产业政策等工具来协调不同部门的创新活动，而且通过科技经费拨款或研发资助的方式对创新活动提供直接支持，引导不同技术领域或行业的科技资源配置，对创新生态系统的发展有深远影响。

1.2.3 国内外研究热点

（1）国内研究

以"中国知网"数据库为数据源，不限制时间条件，标题设定为"创新生态系统"的检索条件，并限定论文属"社科"领域"企业经济"学科，搜索得到符合条件的相关学术论文815篇。对所筛选出的文献进行一一审核和评估，再次剔除掉质量较差和相关性不足的文献，最终确定进行热点分析的"创新生态系统"相关研究文献共500篇。发表时间跨越2006年至2022年，按年度发表数量趋势如下图1.10所示，"创新"相关研究高频关键词时间序列趋势分布如下图1.11所示。

通过对中国知网"创新生态系统"相关研究文献初步筛选的全部检索结果进行可视化分析可以看出，我国对创新生态系统相关研究自2012年起保持较高热度，发文量持续增长，其中被引频次最高为367次，涉及的关键词有创新生态系统、知识图谱、共生演化、科学计量等，可以看出，在学术领域相关研究中，"创新生态系统"与"演化""创新产品扩散"以及"企业战略选择"等研究关联密切。具体被引频次前10位的国内"创新生态系统"相关文献情况如下表1.4所示。

对"创新生态系统"相关研究筛选得出的文献涉及的高频关键词进行分析，高频关键词云图如下图1.12所示，知识图谱分析得出如下图1.13所示。

筛选部分与本研究相关的"创新生态系统"高频关键词（中国知网）的5个，分析其频次自2004年至2022年的时间序列趋势情况如下图1.14所示。

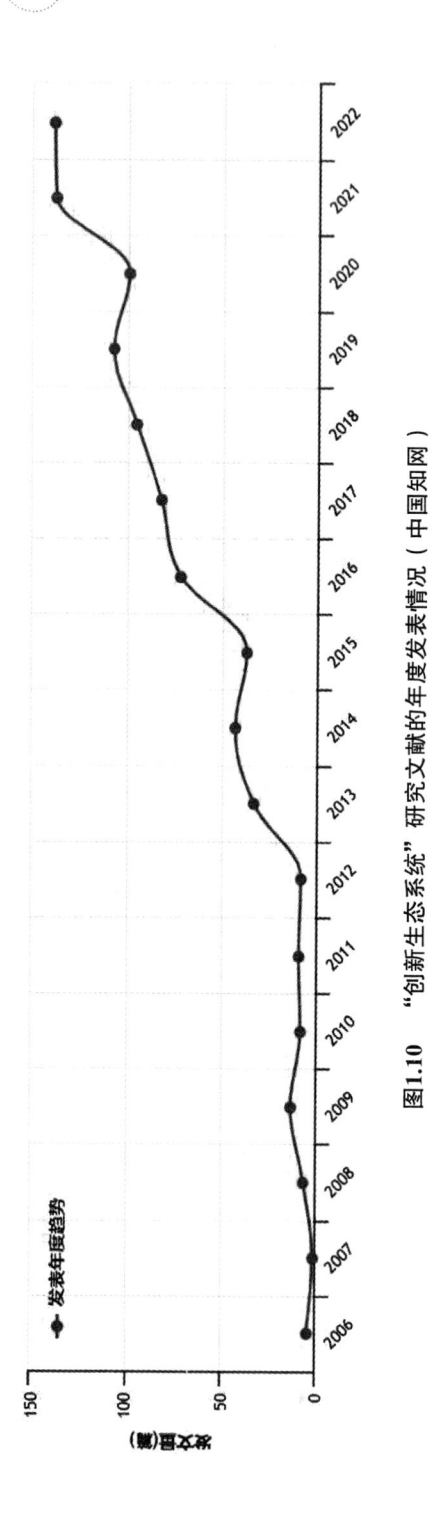

图1.10 "创新生态系统"研究文献的年度发表情况（中国知网）

图1.11 "创新生态系统"高频关键词时间序列趋势（中国知网）

表1.4 被引次数前10的"创新生态系统"相关文献（中国知网）

编号	题名	关键词	作者	来源	发表年份	第一作者单位	被引频次
1	创新生态系统：源起、知识演进和理论框架	创新生态系统，知识图谱，共生演化，科学计量	梅亮，陈劲，刘洋	科学学研究	2014	浙江大学	367
2	协同创新网络结构与机理研究	协同创新，网络结构，创新生态系统，自组织	刘丹，闫长乐	管理世界	2013	北京邮电大学	300
3	多重视角下的创新生态系统	创新生态系统，层次，结构，行为，跨层次相互作用	赵放，曾国屏	科学学研究	2014	清华大学	183
4	产业生态系统与战略性新兴产业发展	产业生态系统，商业生态系统，国家创新系统，战略性新兴产业	李晓华，刘峰	中国工业经济	2013	中国社会科学院	183
5	新能源汽车创新生态系统演进机理——基于比亚迪新能源汽车的案例研究	创新生态系统，新能源汽车，演进机理，案例研究	王宏起，汪英华，武建龙，刘家洋	中国软科学	2016	哈尔滨理工大学	176
6	战略性新兴产业创新生态系统演化及协同创新的治理模式选择研究	战略生态系统，创新生态系统，治理模式	吴绍波，顾新	研究与发展管理	2014	重庆工商大学	170
7	高科技产业创新生态系统耦合战略研究	创新生态系统，耦合，技术标准化，高科技产业	张运生	中国软科学	2009	湖南大学	164
8	孵化器的商业模式研究：理论框架与实证分析	孵化器，商业模式，创业，创新生态系统	梁云志，司春林	研究与发展管理	2010	复旦大学	152
9	开放式创新生态系统的成长基因——基于iOS、Android和Symbian的多案例研究	开放式创新生态系统，驱动因素，智能终端操作系统，多案例研究	吕一博，蓝清，韩少杰	中国工业经济	2015	大连理工大学	144
10	高科技产业创新生态系统耦合理论综评	创新生态系统，耦合，技术标准化，高科技产业	张利飞	研究与发展管理	2009	湖南大学	115

图1.12 "创新生态系统"高频关键词云图（中国知网）

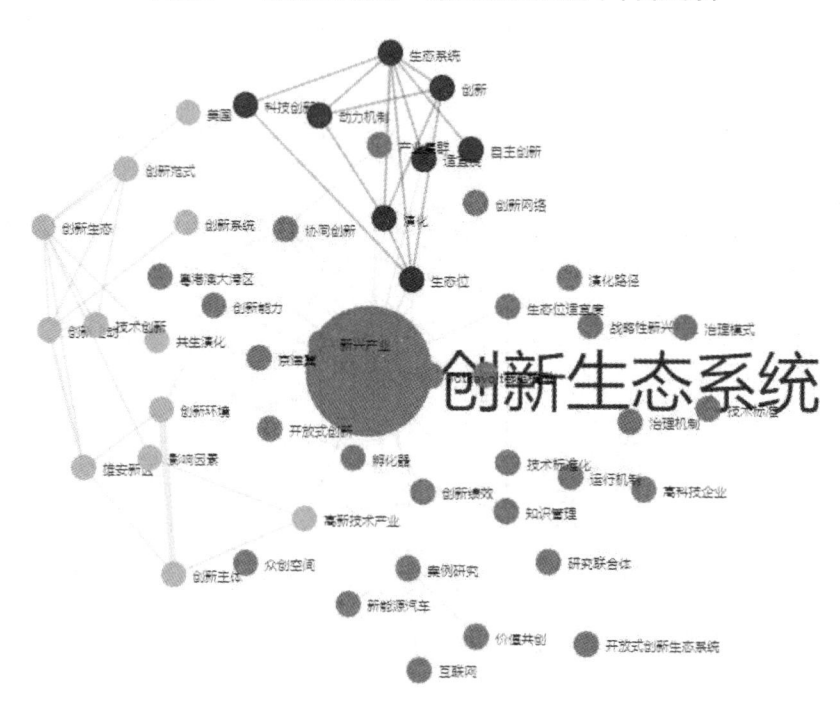

图1.13 "创新生态系统"高频关键词知识图谱（中国知网）

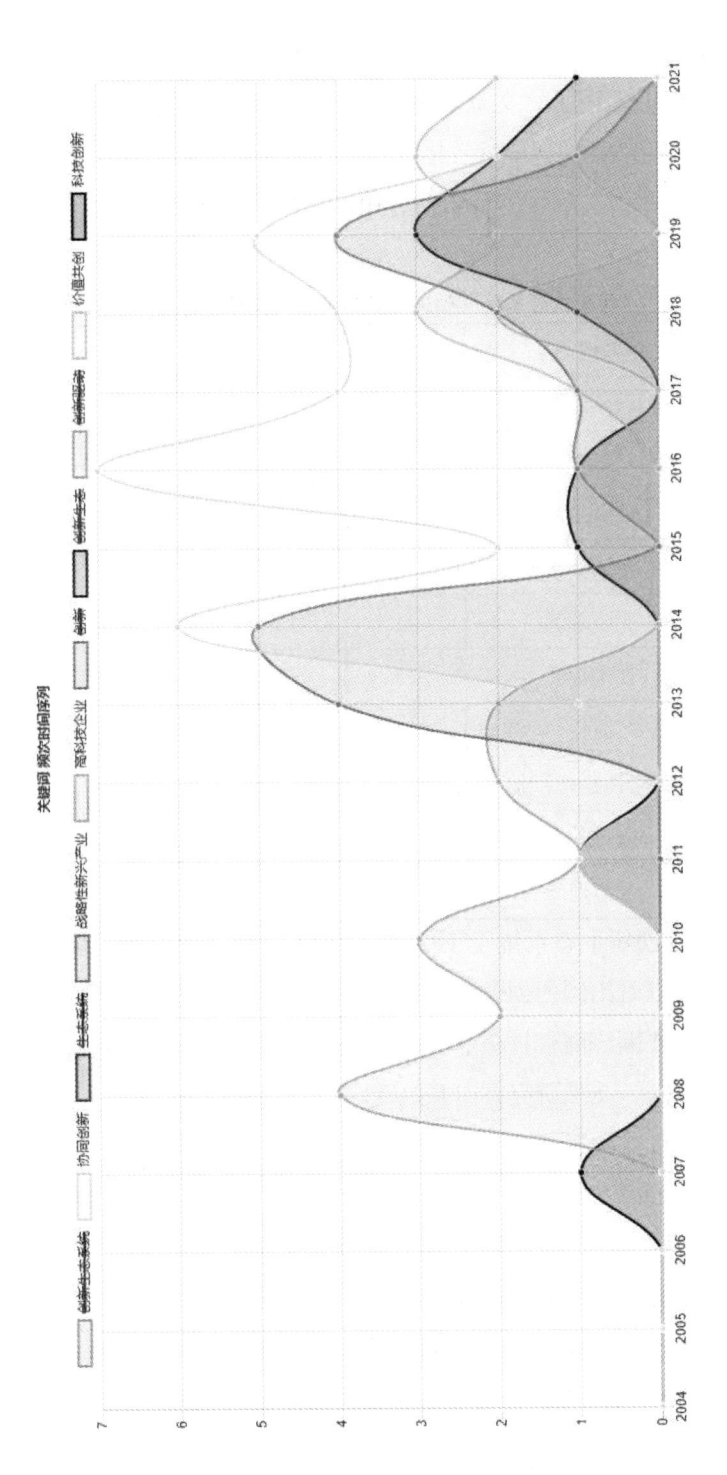

图1.14 "创新生态系统"高频关键词时间序列趋势（中国知网）

利用文献题录信息统计分析工具——SATI对所选取的文献主题词进行抽取，抽取过程中采用了"文献去重""词干提取""应用停用词""应用分词"和"智能清洗"的智能处置措施，共获取独立关键词1103个。删除部分有明显错误和合并语义重复的词组后，由高到低提取出前20个高频词如下表1.5所示。

表1.5 "创新生态系统"相关文献中前20位高频主题词（中国知网）

编号	关键词	频次	编号	关键词	频次
1	创新生态系统	369	11	价值共创	11
2	创新	86	12	运行机制	10
3	创新生态	36	13	案例研究	10
4	协同创新	32	14	新兴产业	9
5	生态系统	24	15	开放式创新	8
6	技术标准	22	16	适宜度	7
7	演化	21	17	高新技术产业	7
8	战略性新兴产业	18	18	互联网	6
9	高科技企业	17	19	产业集群	6
10	治理	14	20	众创空间	6

通过对"创新生态系统"（中国知网）相关文献的相关高频关键词和主题的分析，可以看出国内创新生态系统相关的学术研究范围较广，涉及的领域较多，早期主要围绕高科技企业、科技创新、战略新兴产业等方面进行研究。随着研究的深入，文献研究方向开始转向协同创新、价值共创、治理、演化等方面并结合各行业的案例进行探索和研究。

（2）国外研究

以Web of Science核心合集数据库为数据源，时间设定为2006年至2022年，标题设定为"Innovation ecosystem"（创新生态系统），并设定研究方向为"Business Economics"（商业经济学），研究类别为"Management"（管理）的精炼约束进行检索，对检索所得的文献进行类型和相关性的初步筛查后，再次根据被引频次由高至低筛选出相关学术文献共500篇。通过对筛选文献进行知识图谱分析得出如下图1.15所示。

"创新生态系统"相关文献（Web of Science）关键词前10位的频次自2006年至2022年的时间序列情况如下图1.16所示。

利用文献题录信息统计分析工具——SATI对所选取的文献主题词进行抽取，抽取过程中采用了"文献去重""词干提取""应用停用词""应用分词"和"智能清洗"的智能处置措施，共获取独立关键词966个。删除部分有明显错误和翻译后重复的词组后，由高到低提取出前20个高频词如下表1.6所示。

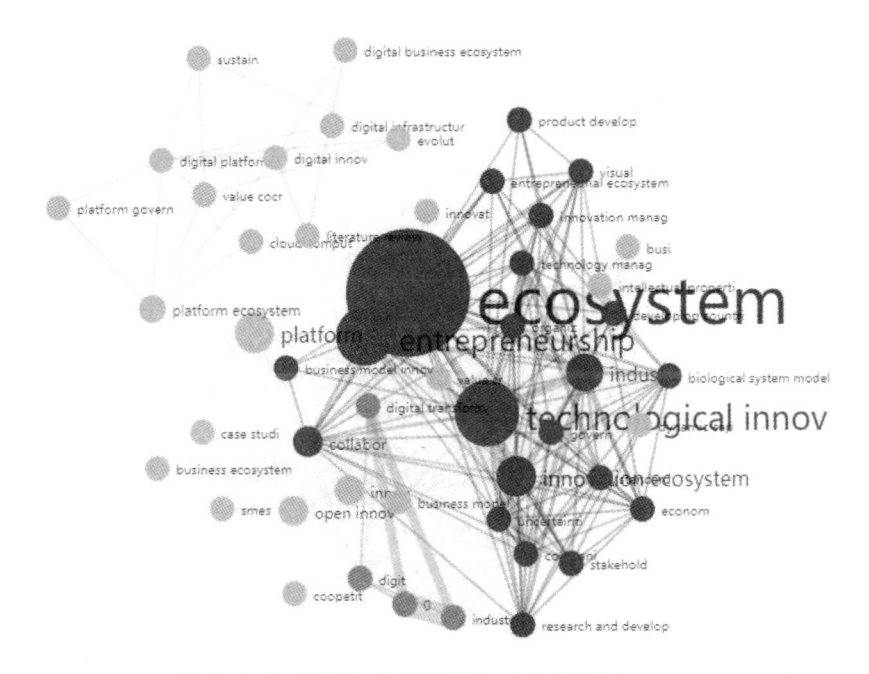

图1.15 "创新生态系统"相关文献关键词知识图谱（Web of Science）

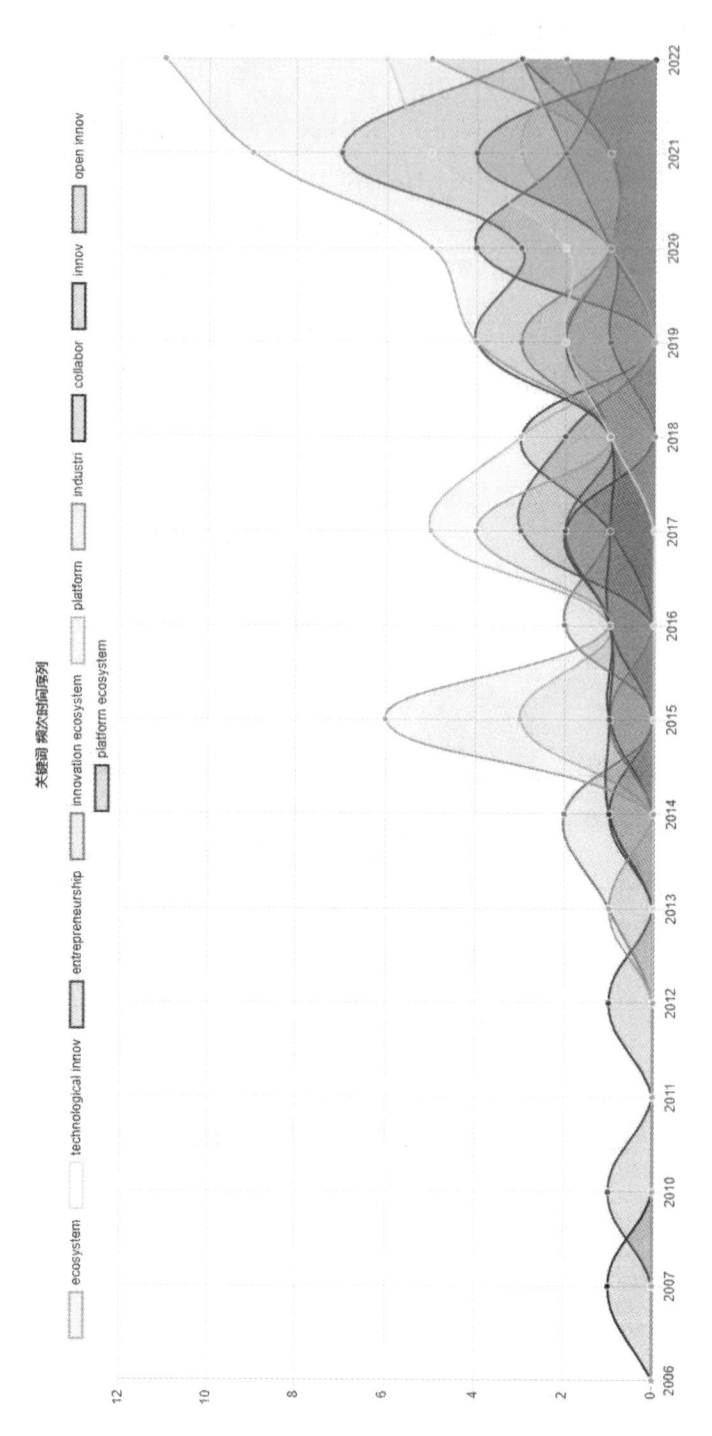

图1.16 "创新生态系统"相关文献关键词频次时间序列趋势（Web of Science）

表1.6 "创新生态系统"相关文献中前20位高频主题词（Web of Science）

编号	高频词	频次	编号	高频词	频次
1	生态系统	57	11	创业生态系统	10
2	技术创新	30	12	价值创造	9
3	创新生态系统	18	13	研发	8
4	平台	18	14	数字创新	7
5	产业	17	15	竞争	6
6	合作	14	16	治理	6
7	创新	14	17	标准	6
8	开放创新	14	18	动态能力	5
9	商业模式	11	19	利益相关者	5
10	企业	10	20	演化	4

通过对"创新生态系统"（Web of Science）相关文献的相关高频关键词和主题的分析，可以看出国外创新生态系统相关的学术研究（商业经济学领域）自2006年起呈快速发展趋势，早期主要围绕技术创新、开放式创新、创业、企业家精神等方面进行研究。随着研究的深入，更多学者开始对合作、商业模式、竞争、治理、动态能力等方面进行探索和研究。可以看出，对创新生态系统的研究和探索是从点到面发展起来的，系统内除了技术，更多的研究热点聚焦于创新主体间的协作和价值共创。

1.3 企业创新生态系统

1.3.1 内涵界定

企业是创新产品商业化的关键主体，企业的创新战略和创新行为是企业创新生态系统中的关键变量，该环节决定了创新技术的发展路线和创新产品的演化路径，并通过"技术—产品—市场"组合作用反作用于企业的创新行为[17]。同时，企业创新生态系统中各主体创新活动的展开以及创新创业机会的开发离不开利益相关者的参与[18]。学者们研究发现创业绩效高的企业与其创新生态系统内的其他主体，例如金融机构、高校及研究机构、顾客、供应商等利益相关者的关系极为密切[19]，利益相关者之间的协同作用有利于创新产品商业化的推广和扩散[20-21]。

对汽车产业而言，中国拥有规模庞大的汽车市场，在新能源汽车市场上也应该是一个自然的竞争者，要把这种潜力转化为一个现实，不仅要在技术上达到领先地位，同时需要重视基础设施建设，完善企业创新生态系统。新能源汽车产品的出现可以看作是打破了汽车产业进入障碍的突破性创新。然而，汽车企业的上游设备制造和供应活动以及下游市场价值链活动，在其进入新能源汽车市场，形成新能源汽车企业创新生态系统中保留了这些关键互补性资产。创业企业重建这些资产则是昂贵和耗时的，而传统汽车在位企业则拥有这些新能源汽车产品创新扩散过程中所必需的、创业企业需要付出一定代价才能够拥有的关键互补资产。

本书中选取新能源汽车企业为研究对象，结合新能源汽车产品商业化特征，依据生态学相关理论，对新能源汽车企业创新生态系统进行如下界定：围绕新能源汽车创新产品商业化过程，企业从创业开发期到成熟期的整个生命周期中，为了满足消费市场中日益多样化和复杂化的需求，与环境中影响其创新活动的其他创新主体之间相互影响、相互作用，共同形成的可持续发展的生态系统。

与创新产品商业化相关的市场、政策、经济、法规、人才等要素和环境，如同自然界中的阳光、雨露和土地，能够为企业创新生态系统发展提供良好的资源和条件。在新能源汽车企业创新生态系统中，包括市场相关主体和非市场主体。其中市场主体主要指人、财、物等市场资源禀赋、供需态势、市场治理结构等，是指系统内部的在自然市场竞争环境下的供需关系网络。非市场主体主要包括政府部门。在企业创新发展过程中，人力资源、市场需求及创新主体间相互作用，能够为创新产品商业化进程提供有利的生成土壤，促进企业对创新产品的研发和生产，进而拉动消费，在企业创新生态系统中形成良性循环。同时，创新产品扩散初期由于市场需求不明确、技术路径有待完善等方面的风险和瓶颈，存在一定程度上市场失灵或失控的风险，因此需要非市场要素的干预，即政府政策、财政方面的支持和引导等对企业创新生态系统保持良性可持续发展具有重要影响。

1.3.2 构成要素

企业创新生态系统内包括各类利益相关者，在市场和技术等要素影响下相互作用，共同构成不断演化发展的复杂有机体。因此，从创业企业的视角，围绕创新产品商业化的进程，创新主体主要包含两类：创新创业企业和传统在位企业（竞争者），企业创新生态系统内的其他构成要素主要有：政府部门、上游供应商、下游消费市场、金融机构、科研院所、行业协会等，如下图1.18所示。

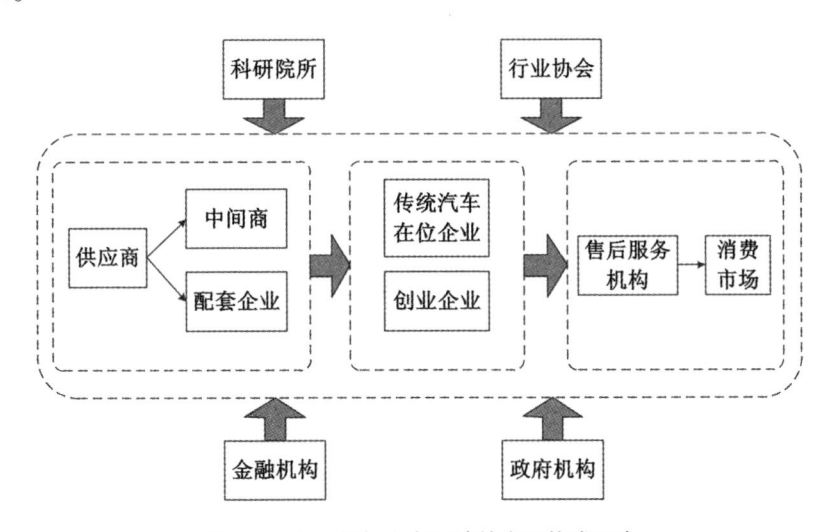

图1.18 企业创新生态系统的主要构成要素

（1）创新创业企业

企业作为创新主体，在企业创新生态系统中占据重要位置，其在生态系统中的地位和竞争能力对企业创新发展具有重要作用。创新扩散更多的是需要企业的不断探索，通过对消费者的引导和消费者对技术的反馈，不断寻求完善企业创新生态系统的途径、扩大创新产品的市场空间。在这个过程中，新进入的创新创业企业是创新生态的重要创新主体，是颠覆性创新成功商业化的先行者，在促进企业创新生态系统发展演化方面扮演重要角色。然而，创业企业在创新产品扩散方面存在天然的劣势和巨大的挑战——缺乏"从创新中获利"所必需的互补性资产。其中，部分通用性互补资产可以通过合作或者购买的方式获得，但另外一部分专业互补资产则一般掌握在传统在位企业手中，新进入者很难获得。

（2）传统在位企业

传统在位企业参与创新产品商业化对于推动创新产品扩散、创新技术不断发展具有一定程度的积极作用，然而受其主导惯例惰性的影响，部分传统汽车企业可能在推动新能源汽车创新产品扩散方面的积极性不高。传统在位企业在新能源汽车领域的优势是其在汽车产业中掌握的制造、分销、互补性技术、商誉以及市场主导地位等资源，但不同的企业在其创新生态系统中根据各自资源占有状况和发展能力的不同，各自生态位亦不相同。近年来，参与到新能源汽车领域的传统汽车在位企业数量呈现逐步递增趋势，涉及国有企业、民营企业和合资企业等。传统大型汽车集团参与到新能源汽车领域中，更多的是基于对新能源汽车产品未来发展预期所提前做的储备以及政府的政策引导；传统民营汽车厂商参与积极性较高，力图凭借已有的整车生产、市场、资金等方面的积累获取市场的先发优势，以期在未来市场占据重要地位。

（3）政府部门

颠覆性创新具有复杂性、不确定性和内在性，其创新产品的商业化和应用推广需要有充足的支撑以及有效的管理。其中，政府在颠覆性创新产品商业化过程中担任举足轻重的角色。尤其在企业创业发展初期，创新生态系统中存在诸多风险，此时消费市场和金融市场对创业企业都缺乏有力支撑，政府在此时可以通过政策工具和调控手段，有针对性地给予创业企业一定的支持和引导，推动企业间合理分工合作，有效配置资源，对产业发展的稳步推动具有重要作用。

（4）上游供应商

从供应链的角度来看，企业创新生态系统中为创业企业和传统在位企业提供相应零部件和基础服务的处于核心企业上游的供应商对企业创新生态系统的发展具有重要影响。以新能源汽车为例，一方面，传统汽车工业供应链上的一些基础服务、零部件商等上游供应商对传统汽车在位企业来说，是其推动新能源汽车产品创新发展的资产优势。另一方面，随着目前新能源汽车的"智能化、网联化"发展，原本互联网领域的一些供应企业被纳入了新能源汽车企业创新生态系统中，为新能源汽车产品创新技术的进一步发展提供有力支撑。

（5）消费市场

在我国新能源汽车示范运营初期，政府补贴等优惠政策主要针对公共服务领域，参与到新能源汽车企业创新生态系统的消费者主要为公共服务机构，如众多试点城市的公交车公司等。随着2010年《关于开展私人购买新能源汽车补贴试点的通知》出台，私人消费者也逐渐进入企业创新生态系统，并通过其庞大的购买力和消费能力，带动我国新能源汽车产品的进一步推广。无论是企业消费者还是私人消费者，作为信息的提供和反馈方，在企业创新生态系统发展演化过程中，消费市场就是推动创新的源动力。因此，应积极鼓励消费者参与到创新进程中，与其他创新主体形成良好的协同互动关系。

（6）金融市场

在创新产品商业化初期，市场需求尚不明确，消费市场对于创新产品的了解不足，创新产品属性、功能、可靠性等都不明确，消费者缺乏主动性，市场竞争不充分。特别是对创业企业而言，金融市场能够为企业提供创新技术商业化所亟需的资本。例如，近10年来新能源汽车企业相关融资约1136起，2020年的新能源汽车融资总额突破千亿元。2021年新能源汽车企业相关融资共计239起，其中，融资总额最高的是宁德时代，高达582亿元；其次是比亚迪，融资总额超266亿元。此外，2021年蔚来汽车披露融资总额超127亿元，小鹏汽车融资超123亿元，宝能汽车融资超120亿元，均在2021年完成了战略融资。从创新产品推广和融资体量来看，两者成正相关趋势。因此，目前在新能源汽车领域，金融市场对处于成长阶段的创新企业的创新生态系统发展具有重要作用。

1.3.3 企业创业创新生态系统

近年来，企业创业创新生态系统已经成为创新创业领域学者研究和关注的重点，主要是从创新产品商业化初期新进入者的视角，来研究企业在创新产品扩散过程中的企业与环境中的其他创新主体之间相互影响、相互作用，共同形成的可持续发展的生态系统。

（1）内涵界定

结合本书的研究内容，选取新能源汽车企业为研究对象，对新能源汽车企业创业创新生态系统进行如下界定：围绕新能源汽车创新产品商业化过程中，创新企业（新能源汽车创业企业或传统在位企业）在从新产品开发到成熟的整个生命周期中，与环境中的其他创新主体之间相互影响、相互作用，共同形成的可持续发展的生态系统。

（2）系统要素

国内外学者对企业创业创新生态的研究主要集聚于企业创业过程中的资源要素方面：人才、基础设施、金融资本支持、政策以及创业服务等。结合前文中对创新、创新生态系统等相关研究的梳理和总结，以及企业创业创新生态系统的内涵，本研究界定的企业创业创新生态系统要素除了企业创新生态系统中的主要构成要素：政府部门、上游供应商、下游消费市场、金融机构、科研院所、行业协会等，还包括三个要素：创业创新动力、创业创新支持、创业创新环境。

创业创新动力方面，主要包括创新创业企业的研发能力和运营能力。企业的研发能力和运营能力能够帮助企业扩大资源利用效率，帮助企业转化潜在需求，是企业创业创新生态系统可持续发展过程中的关键要素。

创业创新支持方面，主要包括企业创业创新发展过程中的人才、金融资本支持、和创业协作能力。在创新创业初创阶段，对智力资本和金融支持的需求较高，以应对经济社会环境中的不确定性和各种潜在风险。

创业创新环境方面，主要包括政策环境和文化环境。政策环境对企业创业创新生态系统优化具有重要作用，另外政策支持和推广补贴等都能够有效推动企业创业创新生态系统的发展。文化环境体现的企业的价值观和创业氛围，对创新企业能否宽容失败、鼓励创新，并最终从创新中获利有重要作用。

（3）概念框架

结合国内外学者对创新生态系统、企业创业生态系统等相关概念的界定和模型构建[22]，本研究构建新能源汽车企业创业创新生态系统的概念框架模型，如下图1.19所示。

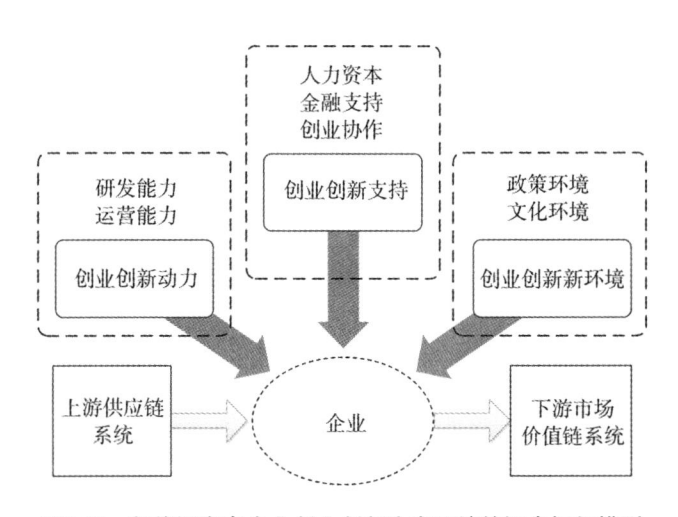

图1.19　新能源汽车企业创业创新生态系统的概念框架模型

1.4　企业生态位

生态学中的"生态位"（ecological niche）概念指的是一个生物种群在生物群落中的生活地位、活动特性以及它与其他生物之间的影响关系，反映的是其在栖息环境中所占据的特定部分，又称为小生境。

随着将生态学的相关理论和方法应用于企业创新管理研究中，企业生态位的概念也出现在企业创新生态系统的相关研究中，并占据重要地位。基于生态学中生态位的概念，企业生态位是指企业在特定时期、特定生态环境里能动地与环境及其他企业相互作用过程中所形成的相对地位与功能作用，是联系企业自身生存发展与企业生存环境的纽带，是体现企业竞争力的标志[23]。

目前对于企业生态位的研究主要集中在企业生态位宽度、生态位重叠度及生态位评价等，主要涉及企业对环境的适用性、生态位重叠度与企业淘汰率的相关性研究等，主要侧重于对企业生态位对策选择[24]、生态位优化[25]、生态位评价[26-27]和生态位态势[28]等方面的研究。

1.4.1 企业生态位研究热点

（1）国内研究

以"中国知网"数据库为数据源，不限制时间条件，标题设定为"企业生态位"的检索条件，限定论文属"社科"领域，搜索后去重处理得到符合条件的相关学术论文315篇。发表时间跨越2002年至2022年，按年度发表数量趋势如下图1.20所示，"企业生态系统"相关研究主要主题发文量分布如下图1.21所示，研究高频关键词时间序列趋势分布如下图1.22所示。

通过中国知网搜索"企业生态位"（主题词）结果可看出，我国对企业生态位的研究从2002年起至今，较为稳定，被引用频次较高的文献集中在2003年至2012年间，被引频次最高为366次，涉及的关键词有企业生态位、生态位模型、生态位宽度、竞争排斥、生态位重叠、生态位分离等，可以看出，在学术领域相关研究中，"企业生态位"与"竞争战略""企业演化"以及"创新"等关联密切。具体被引频次前10位的国内"企业生态位"相关文献情况如下表1.7所示。

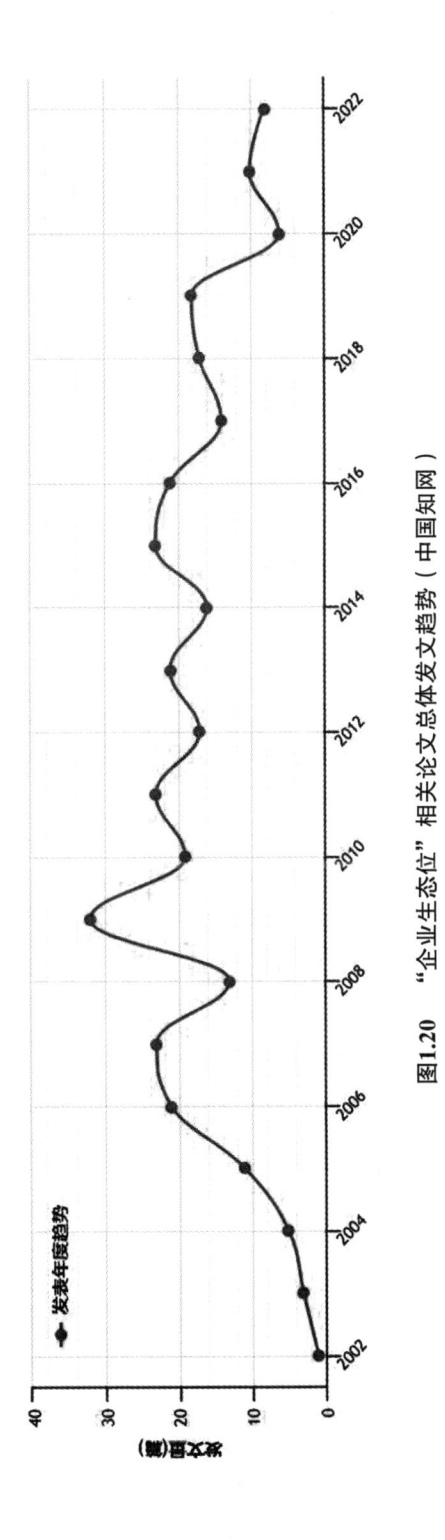

图1.20 "企业生态位"相关论文总体发文趋势（中国知网）

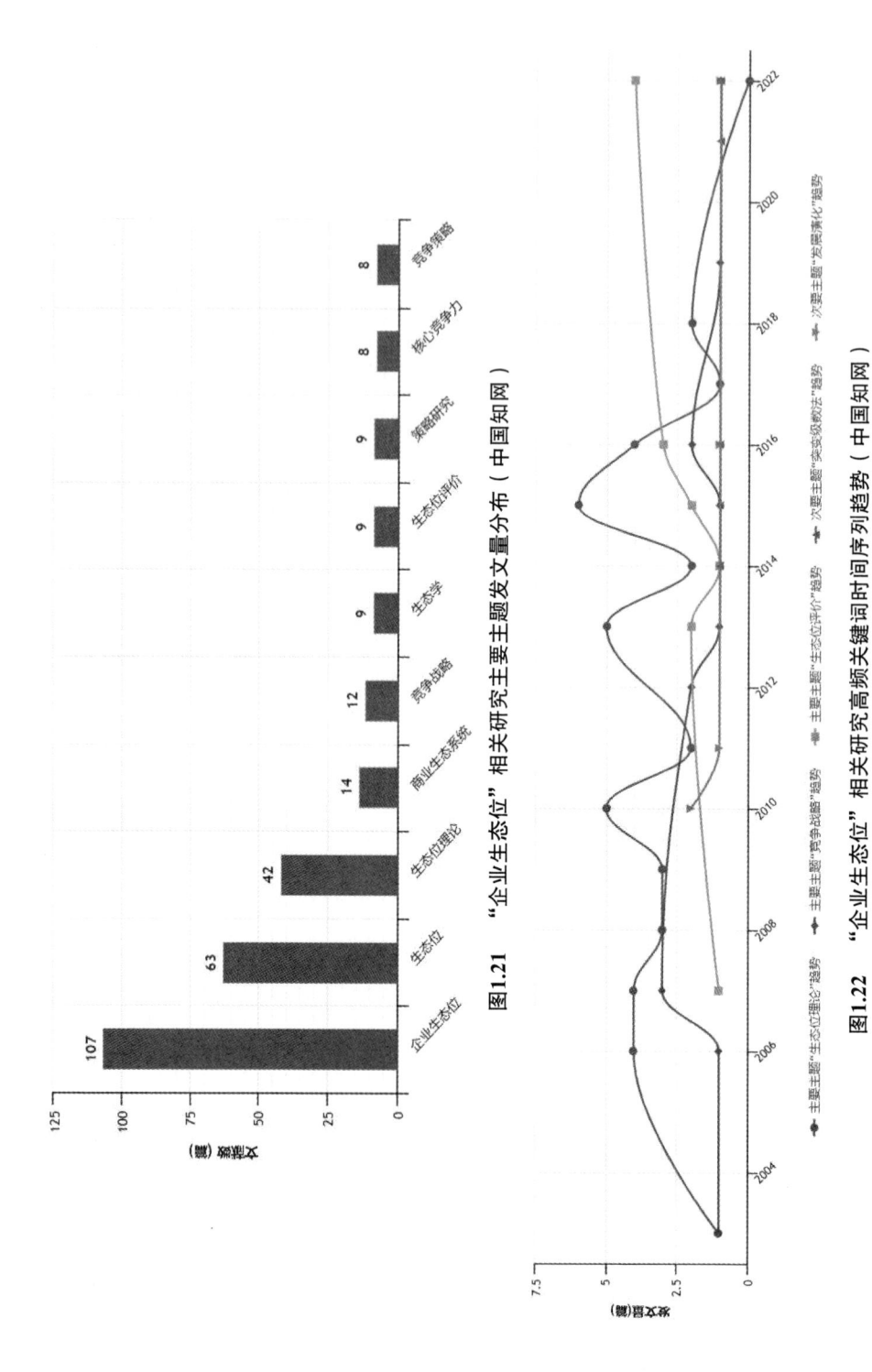

图1.21 "企业生态位"相关研究主要主题发文量分布(中国知网)

图1.22 "企业生态位"相关研究高频关键词时间序列趋势(中国知网)

第1章 企业创新生态系统相关理论

表1.7 被引频次前10位的"企业生态位"相关文献（中国知网）

编号	题名	关键词	作者	来源	发表年份	第一作者单位	被引频次
1	企业生态位原理及模型研究	企业生态位，生态位模型，生态位宽度，竞争排斥，生态位重叠，生态位分离	许芳，李建华	中国软科学	2005	中南大学	366
2	企业生态位及其评价方法研究	企业生态位，企业仿生学，企业管理	万伦来	中国软科学	2004	合肥工业大学	314
3	企业生态位及其能动性选择研究	企业生态位，企业仿生学，生态对策，自组织	闫安，达庆利	东南大学学报（哲学社会科学版）	2005	东南大学	176
4	基于生态位的企业演化机理探析	企业生态位，企业演化	钱辉，张大亮	浙江大学学报（人文社会科学版）	2006	浙江大学城市学院	162
5	架构创新，生态位优化与后发企业的跨越式起超——基于比亚迪、华为、振华重工创新实践的理论探索	架构创新，企业生态位，跨越式起超，从架构中获取创新中获利，互补性资产	朱瑞博，刘志阳，刘芸	管理世界	2011	中国浦东干部学院教研部	154
6	企业生态位与现代企业竞争	企业生态，企业生态位，代企业竞争	葛振忠，梁嘉骅	华东经济管理	2004	山西大学	153
7	基于企业生态位理论的战略分析	企业生态位，竞争战略，过度竞争	林晓	南京林业大学学报（人文社会科学版）	2003	南京林业大学	149
8	基于生态位理论的企业竞争战略研究	战略管理理论，竞争战略，生态位，生态因子	单汨源，李果，陈丹	科学学与科学技术管理	2006	北京大学	136
9	企业生态位与竞争战略	企业生态位，生态位重叠，竞争战略	李勇，郑垂勇	当代财经	2007	河海大学	98
10	企业生态位研究综述：概念、测度及战略运用	企业生态位，概念，测度评价，战略选择	郭妍，徐向艺	产业经济评论	2009	山东大学	94

对"企业生态位"相关研究筛选得出的文献涉及的高频关键词进行分析，高频关键词知识图谱分析得出如下图1.23所示。

图1.23　"企业生态位"相关文献关键词知识图谱（中国知网）

筛选部分与本研究相关的"企业生态位"高频关键词（中国知网）的5个，分析其频次自2002年至2022年的时间序列趋势情况，如下图1.24所示。

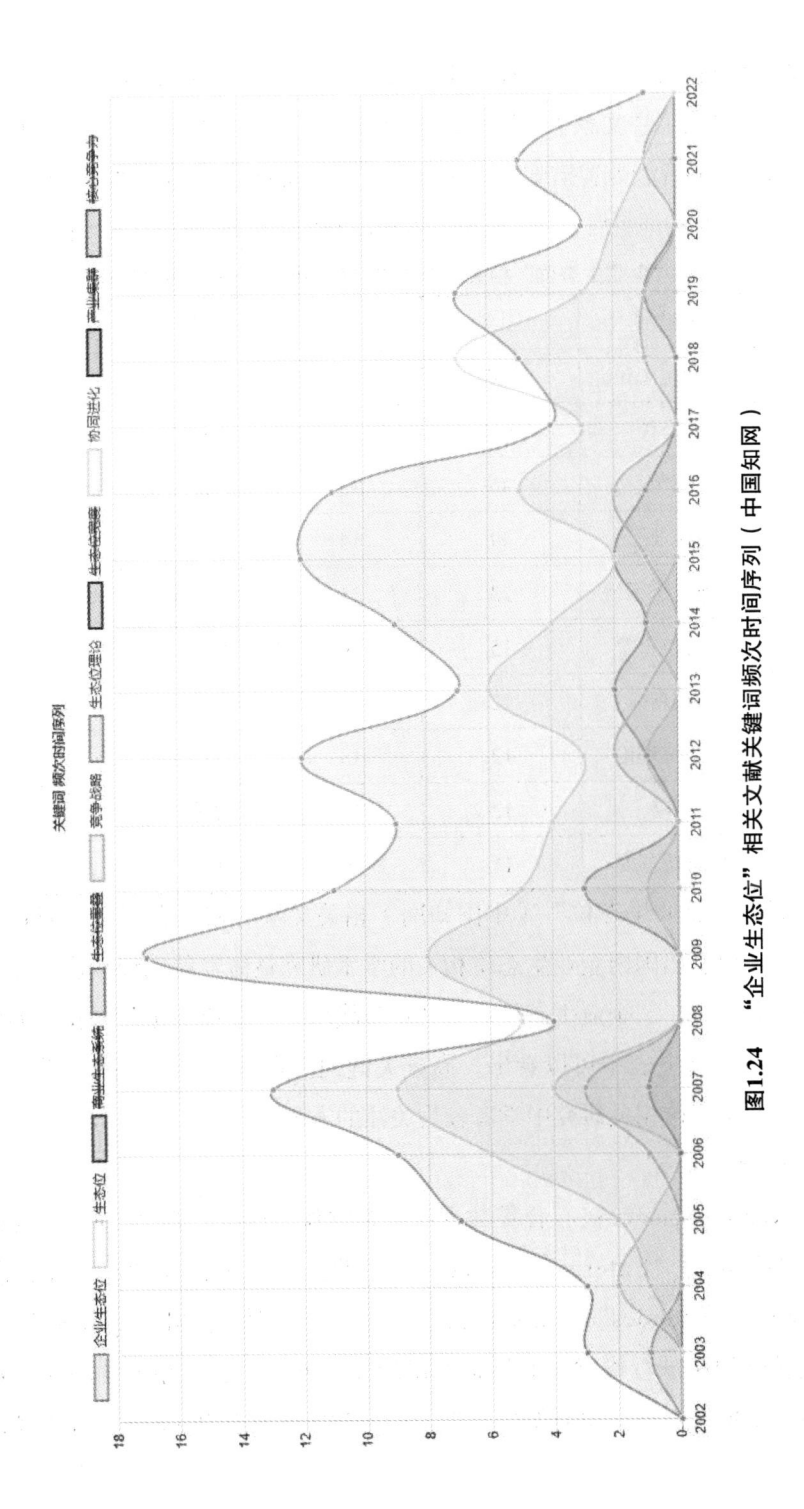

图1.24 "企业生态位"相关文献关键词频次时间序列（中国知网）

利用文献题录信息统计分析工具——SATI对所选取的文献主题词进行抽取，抽取过程中采用了"文献去重""词干提取""应用停用词""应用分词"和"智能清洗"的智能处置措施，共获取独立关键词696个。删除部分有明显错误和合并语义重复的词组后，由高到低提取出前20个高频词如下表1.8所示。

表1.8 "企业生态位"相关文献中前20位高频主题词（中国知网）

编号	关键词	频次	编号	关键词	频次
1	企业生态位	152	11	战略	11
2	生态位	114	12	评价	11
3	竞争	46	13	协同进化	10
4	企业	39	14	产业集群	9
5	商业生态系统	23	15	优化	7
6	生态位重叠	15	16	电子商务	7
7	创新	12	17	突变级数法	5
8	生态位理论	12	18	自组织	5
9	策略	12	19	互补性资产	4
10	生态位宽度	11	20	稳定性	4

通过对"企业生态位"（中国知网）相关文献的相关高频关键词和主题的分析，可以看出国内企业生态位相关的学术研究整体发展比较平稳，在学术领域相关研究中，"企业生态位"与"竞争战略""企业演化"以及"创新"等关联密切。从上表中可以看出，高频关键词"竞争"频次较高，说明"竞争"是企业生态位相关研究中学者较为关注的方面。

（2）国外研究

以Web of Science核心合集数据库为数据源，时间设定为2006年至2022年，标题设定为"Enterprise niche"（企业生态位），并设定研究方向为"Business Economics"（商业经济学）、研究类别为"Management"（管理）的精炼约束进行检索，对检索所得的文献进行类型和相关性的初步筛查后，再次根据被引频次由高至低筛选出相关学术文献共500篇。通过对筛选文献进行知识图谱分析得出如下图1.25所示。

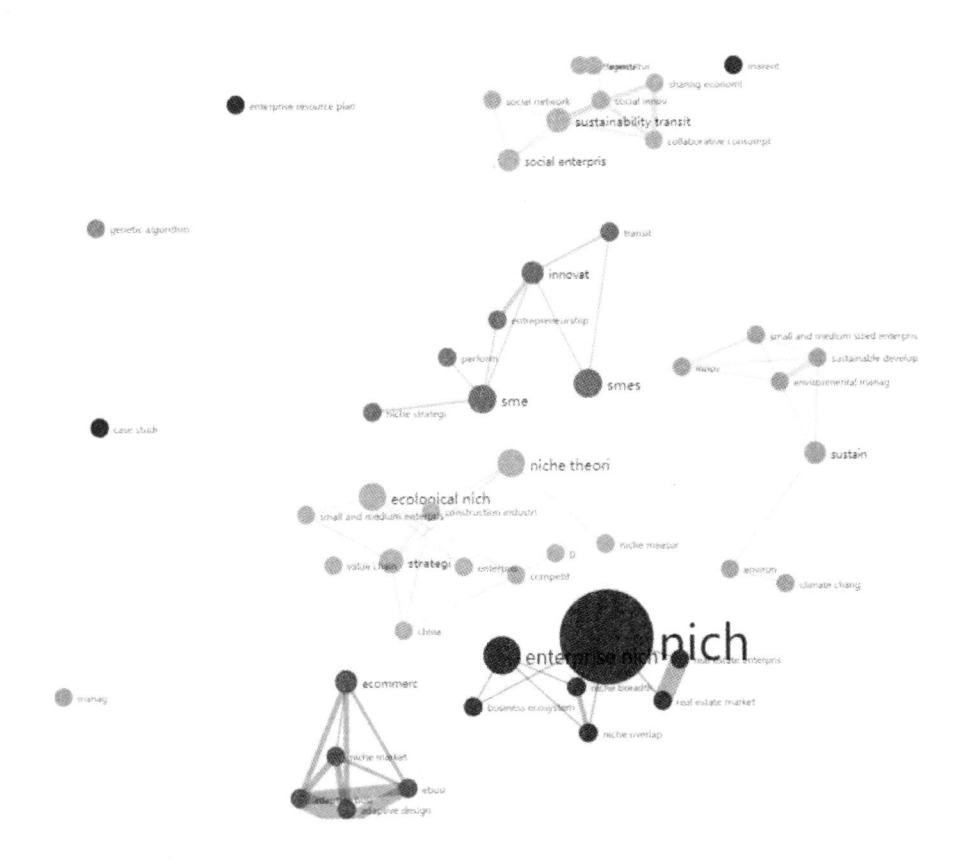

图1.25　"企业生态位"相关文献关键词知识图谱（Web of Science）

"企业生态位"相关文献（Web of Science）关键词前10位的频次自2006年至2022年的时间序列情况如下图1.26所示。

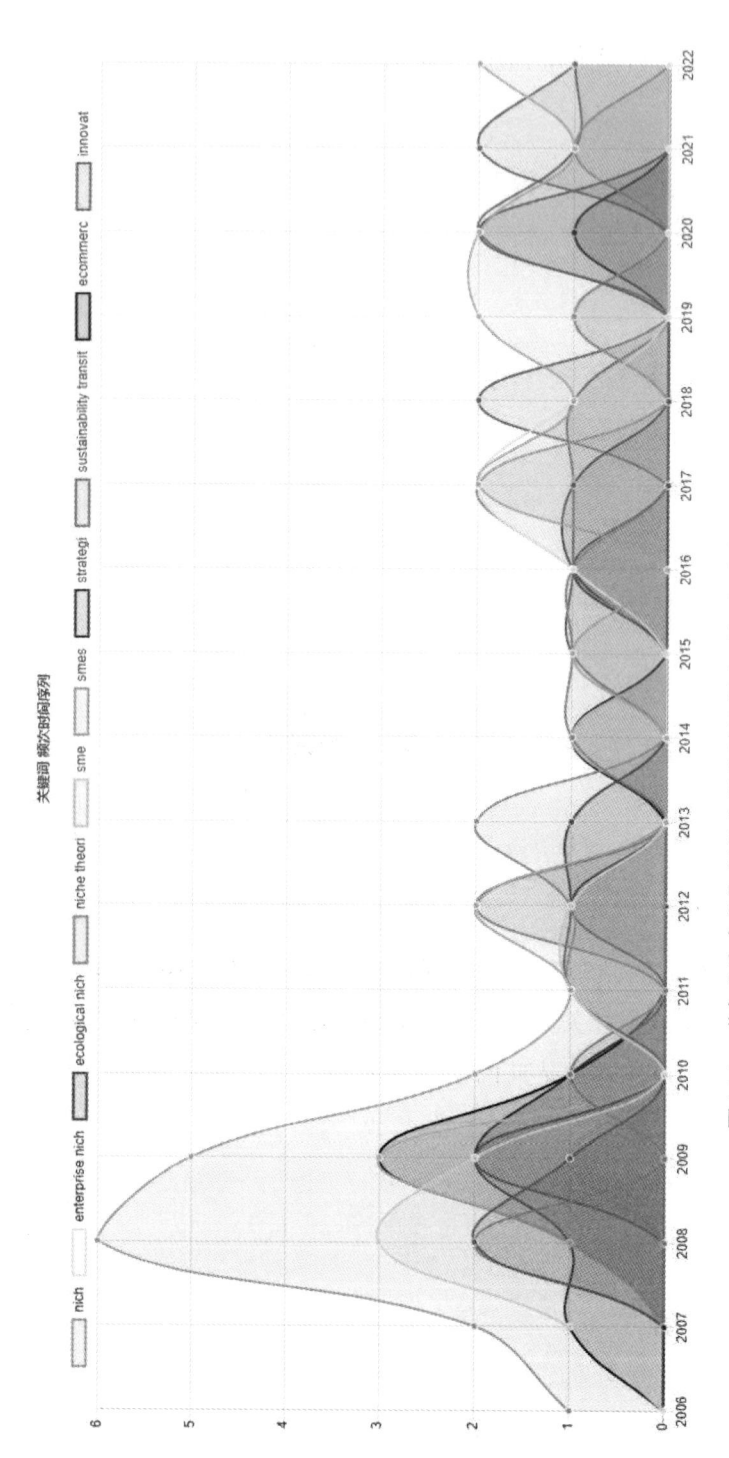

图1.26 "企业生态位"相关文献关键词频时间序列（Web of Science）

利用文献题录信息统计分析工具——SATI对所选取的文献主题词进行抽取，抽取过程中采用了"文献去重""词干提取""应用停用词""应用分词"和"智能清洗"的智能处置措施，共获取独立关键词1423个。删除部分有明显错误和翻译后重复的词组后，由高到低提取出前20个高频词如下表1.9所示。

表1.9 "企业生态位"相关文献中前20位高频主题词（Web of Science）

编号	高频词	频次	编号	高频词	频次
1	企业生态位	107	11	商业生态系统	5
2	中小企业	24	12	创业	5
3	可持续	19	13	共享	4
4	创新	18	14	自适应	4
5	企业	11	15	协同消费	3
6	战略	8	16	差异化	3
7	电子商务	7	17	企业资源计划	3
8	环境	7	18	管理	3
9	竞争	6	19	性能	3
10	社交网络	6	20	价值链	3

通过对"企业生态位"（Web of Science）相关文献的相关高频关键词和主题的分析，可以看出国外企业生态位相关的学术研究（商业经济学领域）趋势与国内趋势较为相似，发展趋势基本平稳。涉及的关键词有"中小企业""可持续""竞争""战略""生态系统"等方面，可以看出对"企业生态位"相关研究主要聚焦在企业创新发展过程中的资源争夺和能力提升方面。

1.4.2 企业生态位态势理论

企业要具有较高的生态位，必须同时具备较强的生存、发展、竞争的能力。国内学者从生存力"态"层面、发展力"态"和"势"层面、竞争力"势"层面提出企业生态位态势理论，并建立了企业生态位评价指标体系[29]。

根据企业生态位态势理论可知，企业生态位可以看作是企业"态"和"势"两个方面属性的综合，体现了企业在其创新生态系统中相互作用的过程中所形成的相对地位和作用。其中，企业生态位"态"要素，主要反映企业发展现状以及在生态系统中所处的地位，即企业当前的状态，是其学习、发展以及与环境相互作用所积累的结果，由其自身资源所决定；企业生态位"势"要素则反映企业对环境的影响和支配力，是企业得以持续发展的能力水平的体现[30]，即企业在创新发展过程中的现实影响力和支配力。

随着企业生态位态势理论的提出，不少学者围绕企业生态位"态、势"层面对企业生态位展开评价研究。例如，颜爱民[31]借鉴企业生态位态势理论思想，从"态"因子和"势"因子两个方面构建了企业生态位评价体系，分别从市场地位、企业规模、社会影响、人力资源和经营能力、市场营销能力、技术创新能力、组织管理能力的角度来设计指标，运用AHP法和突变理论对中国8家企业进行了应用研究。胡仁杰等[32]针对高新技术企业技术生态位测度和评价问题，从生态位"态"和"势"两个方面设计了高新技术企业技术生态位评价指标体系，采用层次分析法和突变理论，建立了技术生态位的"态"和"势"评价模型。

文献研究可知，现有文献对企业生态位态势理论的研究和应用多体现在企业间的协同作用和企业核心能力评价[28]等方面，以及通过企业生态位态势的视角构建企业生态位评价指标体系。也有学者从投入产出的视角，对企业生态位态势效率进行测算和分析的研究[30, 33, 34]。

1.4.3　企业生态位评价研究

国际上对企业生态位的研究自20世纪70年代兴起，对企业生态位内涵的界定主要有三个维度：宏观生态位[35]、中观生态位[36]和微观生态位[37]。其中，宏观生态位指的是以企业种群为研究对象，认为生态位是一个种群在与另外的种群竞争中取胜的限制性空间领域，是企业种群赖以生存和发展的资源组合，宏观生态位可以看作是企业活动的直接环境。从中观层面来看，企业生态位是企业环境中的客观存在，是企业生态系统中的节点，是企业与环境的交汇点，由系统内企业间相互作用而产生。微观生态位是以"企业"个体为研究对象，主要根据企业所具备和掌握的资源和能力来判定其企业生态位能级。

随着企业生态位概念和相关理论的不断深入，国内外学者展开了对企业生态位评价的一系列研究，主要从以下三个方面展开。

一是企业生态位态势理论，由上文所提的企业生态学态势理论演变而来，认为企业生态单元具有"态""势"两方面的属性，"态"是指企业在过去长期发展过程中掌握和控制的资源、形成的影响和规模等，是企业与环境相互作用的结果，体现的是企业在创新生态系统中的状态和地位。"势"是指企业与环境之间的相互作用，是企业对创新发展的影响力，是企业后续发展过程中的竞争和创新能力，决定企业的未来发展方向和发展潜力。

二是选取企业生态位维度、宽度或重叠度作为研究视角构建评价指标体系，主要用于研究企业之间的竞争关系[38]。在企业生态位测度和评价的研究中，还有学者从企业的资源需求和提供产品能力方面识别生态位，认为环境的资源供给和市场需求不仅是生态位的基本构成要素，也可以由此切入对企业间的生态位进行区分和对比。

三是从企业生态位优化的视角，研究企业生态位重叠之时，如何进行生态位进化以实现共生[39]，主要用于分析企业竞争和战略的选择。企业生态位优化方面的研究认为，合理构建企业生态位优化策略体系，才能够有效增强企业竞争优势，提高企业竞争力。例如，Mcpherson[40-41]把抽象的企业生态位概念具体化，运用具体可衡量的变量对生态位进行识别，认为企业生态位可通过企业性质或能力、目标顾客或客户属性（如年龄、职业、性别、教育程度等）、客户关系等来度量；Zhao等人[42]探讨了中国风力发电机制造产业，提出产业生态系统模型和企业生态位评价指标体系，运用突变理论进行了实证分析，为其发展寻找竞争优势和劣势因素，并对风力发电机产业制定了未来发展的竞争战略。

1.4.4 企业生态位理论框架

企业作为一个独立个体，其生态位的概念难以反映其在环境中的能力和水平。但将企业放到企业创新生态系统和社会经济环境中，根据企业间相互协同关系，探索企业在系统内的"位置"和"能力"，避免在竞争中被淘汰，使自己获得可持续的生存和发展水平。将生态位概念引入企业创新管理领域，能够对企业在系统内如何更好地生存、发展、协作以及管理决策等理论研究和实践探索提供新的思路。

以新能源汽车企业为例，在企业创新生态系统内，企业在上游供应链系统及相关资本资源和技术研发的支撑下得以发展，此时，对传统汽车在位企业而言，其在传统燃油汽车产品制造过程中的上游供应链系统中大部分的供应资源可以在新能源汽车产品制造中共用，也就是说，与新能源汽车创业企业相比，传统在位企业在互补性资产方面具有天然优势。另外，对新能源汽车企业而言，在产业发展初期，新能源汽车产品由于其相关配套设施不够完善、市场竞争不充分，消费需求没有凸显的情况下，政府的政策和财政支持能够对新能源汽车企业生态位提升提供推动作用。随着企业创新生态系统的不断完善，下游市场价值链系统的市场需求不断攀升，促进了企业创新产品的扩散，进而为其创新产品技术特性的进一步提升发挥了指引作用（如图1.27）。

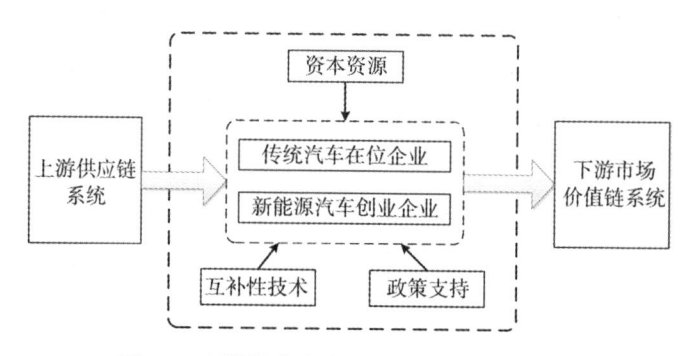

图1.27 新能源汽车企业生态位环境框架模型

综上，本书基于企业生态位态势理论，选取新能源汽车企业为研究对象，构建新能源汽车企业生态位的理论框架包括"态"和"势"两个方面。其中，企业创新生态系统中企业生态位"态"是指企业在过去长期发展过程中掌握和控制的资源、形成的影响和规模等，是企业与环境相互作用的结果，体现的是企业在创新生态系统中的状态和地位。企业生态位"势"是指企业与环境之间的相互作用，是企业对创新发展的影响力，是企业后续发展过程中的竞争和创新能力，决定企业的未来发展方向和发展潜力。企业生态位"态、势"综合反映了企业的历史、现实作用和发展趋势。

1.5 本章小结

本章对创新、创新系统、创新生态系统、企业创新生态、企业生态位等概念、相关理论及学术研究热点进行了梳理和总结。从以往学者对创新、创新生态系统的分析中可以看出：在创新过程中，创新系统和创新生态的研究涉及创新绩效、研发投入、非市场要素等方面，得到关注较多。企业创新生态系统发展过程中，创新生态的研究伴随着协同创新、治理、演化等方面的研究，对创新生态系统的研究和探索是从点到面发展起来的，系统内除了技术，更多的研究热点聚焦于创新主体间的协作和价值共创。创新产品商业化与企业所具有的互补性资产、企业生态位等方面密切相关。无论是从功能还是能力角度，新能源汽车企业创新生态系统与其创新产品市场化过程中所匹配的关键互补性资产密切相关。目前对企业创新生态系统的研究基本都是注重创新技术的成熟以及相关基础设施的完善，从互补性资产的角度对企业创新发展的分析和研究相对较少。

从对目前企业生态位理论及应用研究的分析中可以发现，生态位理论相关研究文献多与竞争战略、企业演化、企业间协同合作以及创新发展机制等相关，相关研究主要聚焦在企业创新发展过程中的资源争夺和能力提升方面。对与突破性创新、创新产品扩散相关的互补性资产对企业生态位的影响，进行评价和分析的研究相对较少。在突破性创新产品商业化过程中，从互补性资产的视角对企业生态位的分析和评价企业创新发展具有更为重要的意义。

第 2 章 企业创新生态系统演化机制

本章主要在前文对创新系统、创新生态系统、企业生态位等相关理论和研究文献梳理的基础上,结合企业生命周期理论,归纳和总结了企业创新生态系统的演化机制,包括演化动力、演化特性、演化风险及演化阶段。

2.1 演化动力

推动企业创新生态系统可持续发展的因素有很多,本研究结合新能源汽车企业创新生态系统,主要从以下四个方面探索企业创新生态系统演化过程中的动力机制:技术创新,市场需求、制度创新、价值协同,如下图2.1所示。

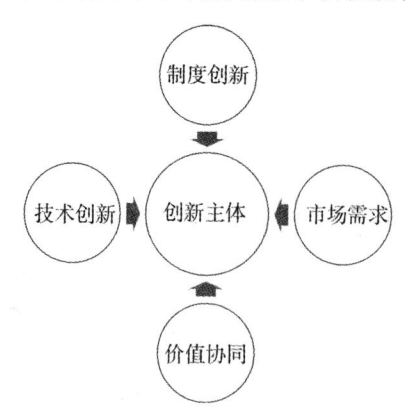

图2.1 企业创新生态系统演化动力示意图

(1)技术创新

技术创新是企业创新生态系统演化的根本动力,甚至可以说,技术创新是创业企业产生的主要原因。技术创新不仅给企业带来超额利润的好处，诱发收益递增机制，改变了企业的边界，而且能够改变原有制度安排下的成本及收益，决定了整个系统演化的前进方向，所以说技术创新在企业创新生态系统演化过程中发挥着关键作用。

（2）市场需求

市场需求为创业企业的成立提供了契机，也为企业创新生态系统的不断发展提供了进化动力。市场中不同的企业创新生态系统中创新技术、产品开发等方面存在的竞争压力，使得企业在发展过程中要不断地进行升级和革新，才能免被后发的创新企业所颠覆，这种压力会转化为企业创新生态系统不断演化发展的动力。

在新能源汽车企业创新生态系统中，市场需求对传统在位企业创新生态系统的演化动力较为明显，当创业企业不断推出能够满足市场和消费者期望的创新产品时，传统在位企业如果不能够迎合市场需求，调整竞争战略，就可能会被颠覆和淘汰。对创新企业而言，市场需求本身就是其不断创新发展的动力。

（3）制度创新

演化经济学将生态系统中的共生演化借鉴到经济系统中，认为技术和制度是一种协同演化的关系：技术创新通过催生新产品或改进原有产品的功能促进产业演化，技术的创新导出需要支持性制度，同时会对其制度背景形成某种影响力；反之，制度会影响技术的改进，或者决定哪种技术可以在经济系统中保留下来并得以扩散。因此，制度为技术创新提供先期的诱导与激励。制度创新在技术知识产生以及创新产品商业化的过程中起到了关键作用，只有在良好的制度体系（如完善的知识产权保护制度、良好的监督机制等）下，才能够充分发挥创造主体的积极性和创造性。制度创新的作用是通过新的组织形式（如产权、企业组织和分配方式的改变）提高创新激励水平，降低交易成本，为技术扩散开辟路径，促使技术创新转变为企业核心竞争力，实现由采用了创新技术的创新企业替代传统企业的更迭。

（4）价值协同

从协同演化论的角度看，企业创新生态系统的演化过程是基于技术与制度的协同演进共同作用实现的，技术体系与制度体系贯穿企业创新发展的始终。技术创新与制度创新具有内在统一性，在系统演化过程中，两者之间存在彼此作用的增长效用，即任何一个创新的增长效应的发挥都依赖于另一个创新的增长并改变现状，同时又会受到另一种创新变化的影响和制约。从企业创新生态系统演化角度分析，一方面，市场与政府都不是万能的，它们在系统演化各个阶段中都有自身的局限性，可能产生一定的市场失灵和政府失灵。市场失灵主要表现为技术创新产品的公共性、技术创新产品的外部性、技术创新的不确定性和信息不对称、技术创新的路径依赖与锁定；政府失灵则主要表现为公共决策的失误、监督机制的失效、政策缺乏连续性等方面。另一方面，市场与政府的作用又是相互作用、相互补充、相互协调的，市场和政府存在各自发挥作用的范围和边界；政府对产业发展干预的范围和边界就是可能存在市场失灵或者暂时市场失灵的领域。

2.2 演化特性

企业创新生态系统中演化发展过程受到系统内外部各因素的影响，呈现出如下几方面共通的演化特性：环境选择性、自组织性和路径依赖性。

（1）环境选择性

企业不仅仅是个体的集合，也存在于企业文化和结构化环境中，企业内外部环境的变化都会对企业和其周围的其他主体产生影响。企业创新生态系统的生存、发展、演变和消亡都与外部环境息息相关，其演化进程受到市场和制度等环境的选择，只有当创新与环境相匹配时，系统才能壮大和发展。面临环境的不确定性风险，企业每做出一个选择，都会面临环境的考验。企业创新生态系统应对环境风险的能力高于企业个体，发挥整体系统的力量，有效地应对环境不确定性，更快地适应环境，进而推动企业创新生态系统的可持续发展。

（2）自组织性

系统的自组织性是指系统能够在不确定的外部环境影响下，能动地调节系统内生态的平衡和稳定，具有一定的自我调节能力，这种特性与生物学中的生态系统有高度相似性。除了系统外部环境的影响，系统内部成员间的关系对系统演化的自我调节也有一定的影响。企业创新生态系统内的成员之间存在一定的互补性。在同一个系统中的创新主体间有相互协作关系，其生态位有一定的交叉，既存在互补性，又有一定的竞争性。在这种情况下，就呈现出了企业创新生态系统的循环往复、不断扩散、可持续发展的自组织性。

（3）路径依赖性

早期有学者提出"创新者优势学说"，认为进入市场的先后顺序导致了先动者优势。也就是说，一个企业的生存机会和市场占有率与进入市场的先后顺序呈正相关关系。尤其是开拓了一个新市场或最先进入这个市场的企业，将有很大的优势获得成功，拥有持续的竞争优势和市场占有率，可以保持长期市场主导地位[43]。但是随着系统的演化，先动者如果不能够随着系统发展而创新变革的话，将有可能将"创新者优势"转变为"路径依赖"。企业创新生态系统的演化存在报酬递增和自我强化机制。这种机制使系统一旦走上了一条路径，就会沿着这条路径的既定方向不断地自我强化。沿着这个既定的路径，系统的演化可能进入良性循环的轨道，迅速优化，也有可能沿着原来的错误道路陷入恶性循环，最终被锁定在无效的状态之中而导致停滞甚至灭亡。

2.3 演化风险

在企业创新生态系统演化过程中，企业从开发期、创业期、成长期发展至成熟期，系统内创新主体间创新合作存在资源共享、信任、协作创新等诸多风险。企业创新生态系统与自然生态系统类似，提倡成员的多样性。通常情况下，企业创新生态系统由不同类型、不同地域、不同文化、不同经济制度、甚至不同国家的企业构成，不同企业的技术、资源要素会受到其所在社会经济、政治环境的制约，相互各异的企业在融合过程中必然会发生冲突，其结果是增加了创新生态系统的内部风险。企业创新生态系统演化过程中的风险主要有：技术选择风险、生态位重叠风险、变革和锁定风险、道德风险、资源流失风险和不确定性风险,如下图2.2。

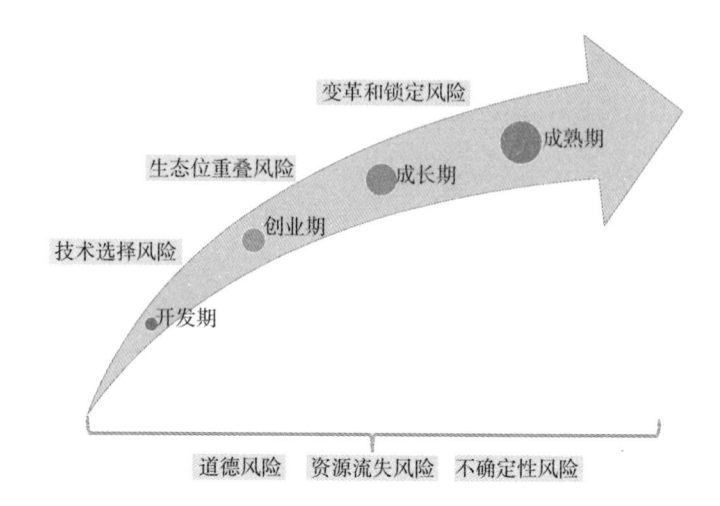

图2.2 企业创新生态系统不同演化阶段的风险

(1)技术选择风险

在企业创新生态系统发展的初期或者转型期,主导企业通过不断探索和选择具有市场发展潜力的创新技术或产品,通过研发或者购买的方式进行技术选择,为系统内创新参与者提供共享价值。在这个过程中,企业创新生态系统可能面临由于技术选择带来的诸多风险。例如:市场定位风险、市场竞争风险、用户价值风险等[44]。

(2)生态位重叠风险

企业创新生态系统发展到一定规模时,系统在进行扩展时会对系统成员进行选择,创新主导企业通过合作等方式不断吸引不同生态位的企业参与到创新生态系统中,为企业创新生态系统可持续发展构建更高的能级。在这个过程中,企业创新生态系统可能面临由于成员选择带来的生态位重叠风险。健康的企业创新生态系统中,各企业间的生态位不存在或者存在很小程度上的重叠,企业生态位相互分离,但不同生态位企业占据的互补性资产可能是重叠的。因此,企业如果不能在创新生态系统中选取合适的创新协作成员,可能会给系统带来信息不对称和不良竞争,出现部分系统成员为了自身利用而损害系统整体利益的情况,进而影响企业创新生态系统的健康可持续发展。

(3)变革和锁定风险

当企业创新生态系统平稳度过成长期后,并不意味着企业创新生态系统已经成功。此时,系统可能进入发展的"瓶颈期",必须打破路径依赖和技术锁定,进行自我革新。"锁定"是指创新生态系统内成员利用合作优势和关联效应产生的累积效果,沿着一贯的创新发展轨迹,最终形成锁定。由于系统内成员间协作程度不断加强,专用互补性资产提高,导致其很难再投入到其他领域进行更优的资源配置。随着系统内企业间合作的不断深入,专业化分工使企业创新生态系统形成的技术体系、政策和文化积淀等具有路径依赖性,容易出现由于经验和习惯选择一贯的发展路径,形成路径依赖,最终可能造成创新活力不足。因此,在此阶段面临外界环境和市场发展的不确定性,企业创新生态系统可能需要面对系统变革和锁定的风险。

(4)道德风险

企业创新生态系统是由相互协作的创新主体以实现合作共赢为目的共同构成的联合体。由于系统内成员所处地位和利益目标不同,使得他们在追逐自身利益的行为选择中可能由于信息不对称导致合作组织间契约不完备。当出现合同范围之外或利益争夺的冲突时,可能出现为自身利益损坏系统整体利益或者其他利益相关者利益的情况。信息不对称、契约不完备以及环境不确定都增加了企业创新生态系统内成员间的信任障碍,进而导致道德风险。

(6)资源流失风险

随着企业创新生态系统的不断演化,系统内成员间协作必然涉及资产的共同投入。其中以人才、知识和专利为主的无形资产,对企业创新发展具有重要影响,企业间协作也是建立在相互拥有的无形资产形成互补的基础上。但创新合作过程中可能会存在成员企业以技术共享等理由,通过非法或不道德的手段获取其他企业的无形资产,这种行为容易导致企业技术和知识产权等无形资产流失的风险。

(7)不确定性风险

在企业创新生态系统演化周期过程中,会经历外部环境的动态变迁,例如,市场需求的变换、政策的变化,创新技术的更迭、资源的变换等。外部环境的复杂性和不确定性会使企业创新生态系统产生一定的风险。例如，当市场竞争形式发展变化，创新产品不断更新、消费者需求发生变化，都对企业创新生态系统如何应对复杂环境带来了挑战。另外，当政策和法律环境发生变化时，也会影响企业创新生态系统的健康可持续发展。

2.4 演化阶段

按照生命周期的特征，将企业创新生态系统演化的整个过程划分为五个阶段：开发期、创业期、成长期、成熟期和衰退期，如下图2.3。

（1）开发期

企业创新生态系统的开发期是新技术形成的关键时期，一般基于企业创始人的专业研究成果（专利、专有技术或发明等）而建立，处于这一阶段的企业通常是年轻的小型公司，企业生态位态势都相对较低，系统内创新主体间相互融合程度也较低，且主要进行开发和技术产品早期商品化。在这一阶段，企业面临的风险最大，其潜在回报也可能最高。对投资者而言，由于投资风险较大，很难在资本市场获取大量资产，因此资金主要来自创业者个人和政府的创新基金等[45]。

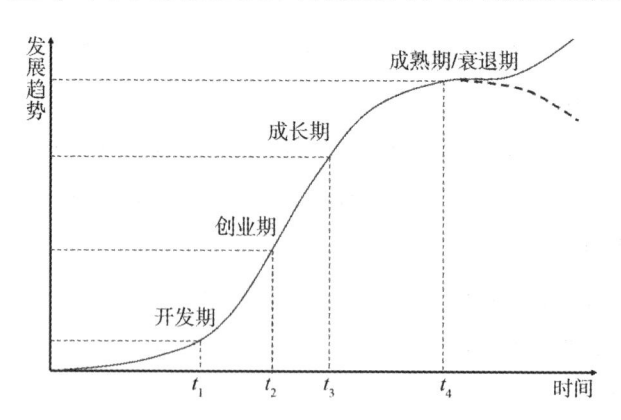

图2.3 企业创新生态系统演化阶段及成长曲线

（2）创业期

当企业创新生态系统平稳度过开发期，即将发展到创业期，在此期间的主要任务是产品中试和市场开发，这一阶段需要企业投入大量资金。在开发期，企业面临的风险依旧较大，创新产品未完全商业化，销售收入有限，因此企业可能依旧处于亏损的状态。但随着创新产品被市场逐步接受和认可，销量增加将带来逐步盈利。处于创业期的企业创新生态系统开始获得资本市场较多的关注，并逐步开始完善自身的创新生态系统，构建健康可持续的系统环境。

（3）成长期

随着企业创新生态系统的不断发展，系统内各成员间逐步建立稳定的创新协作机制，系统即将迎来稳健增长的成长期。在此阶段，创新产品逐渐实现商业化，并在市场竞争中占据一席之地，企业创新生态系统各方面趋于完善，能够相对从容地应对外界环境的不确定变化，通过良好的系统内部协调机制以及成熟的经营管理能力来有效地推动系统可持续发展。此时，创新产品市场的竞争趋势也较为明显，传统在位企业可能在此时凸显出其因为拥有互补性资产而带来的生态优势，可能对创业企业形成一定的冲击，因此，企业需要在此阶段重点注意变革和锁定风险。

（4）成熟期

当企业创新生态系统逐步进入成熟期，其创新产品销售的增长速度开始放慢并趋于稳定，总体生产能力也达到高峰，行业生产能力开始过剩，价格与利润出现滑坡。此阶段的企业已经具备比较完善的经营管理能力、较好的市场份额和经济规模，系统所处的政策环境也比较完善，资本市场稳定，投资风险较低。对于企业而言，作为创新主体实现创新技术的不断突破、打破技术锁定，成功实现创新产品商业化和市场化，具有循环催化的作用，能够不断推动企业创新生态系统的有序演化。

（5）衰退期

并不是所有的创业企业都能够中创新中获利，并最终走向成功。也就是说，衰退期并不仅仅存在于成熟期阶段，有可能存在于企业创新生态系统演化的各个阶段，例如成长期、创业期、开发期，甚至"夭折"在萌芽阶段。与产业创新生态系统不同，产业创新生态系统的演化是系统内创新主体生态位能级的变换和更替的过程，这个过程伴随着产业创新生态系统的不断发展和完善。

但企业创新生态系统的演化会随着系统内创新主体——企业的生死存亡而走向衰退。

2.5 本章小结

本章对企业创新生态系统演化过程中的演化动力、演化特性、演化风险以及演化阶段进行总结和梳理。企业创新生态系统的演化动力主要包括四个方面：技术创新、市场需求、制度创新、价值协同。演化特征主要有：自组织性、路径依赖性、环境选择性。结合企业创新生态系统的演化进程，总结了系统的演化风险主要有：技术选择风险、生态位重叠风险、变革和锁定风险、道德风险、资源流失风险以及不确定性风险。最后总结了企业创新生态系统的演化阶段主要有：开发期、创业期、成长期、成熟期、衰退期。

第 3 章　面向互补性资产的评价体系构建

当企业技术能力不断提高到一定水平，在技术上会有突破性的创新，可能颠覆原有技术实现变轨，然而实现技术突破的企业未必能够最终获利。互补性资产作为一种具有协同效应的不同功能的资源及能力，是促进组织战略实施和管理实践的核心竞争能力[46]。互补性资产对企业创新生态系统的演化发展具有重要影响，关键互补性资产的有效获取能够优化企业创新发展路径、提升企业生态位能级。本章对互补性资产、企业创新生态系统以及企业生态位的相关研究内容进行梳理，并结合互补性资产对企业创新生态系统的影响，初步构建企业创新生态系统和企业生态位的评价指标体系。

3.1　互补性资产

随着建设创新型国家理念的提出，我国正处于经济转型的关键时期，加强自主创新成为我国科学技术发展的战略基点。然而，无论是国家或者企业，创新发明的成功获利不仅仅依靠技术的先进性和可行性。创新是否能够获得可持续发展和获利，除了创新本身，还需要有其他能力和资产的支持——即互补性资产。

3.1.1　概念及分类

互补性资产是由Teece在"创新中获利"（Profit from Innovation）模型中

提出的，是指企业在创新产品商业化和市场化的过程中所形成的由企业占有和掌控，并与新技术商业化密切相关的专业化制造能力、分销渠道、服务网络和互补性技术等因素[47]。在以往对创新产品成功商业化的案例研究中，无一例外得到这样的结论：创新产品成功商业化除了需要利用其具有的独创性、先进性和可行性的创新技术，还需要结合其他的能力和资产。无论是在位企业还是创新企业，要想从技术创新中获得经济收益，必须拥有能够将独一无二创新成果引入市场的额外资产。Teece认为，互补资产不只是在创新获利中发挥专属性作用，也可能塑造未来企业的创新发展战略。

互补性资产的构成如图3.1所示。

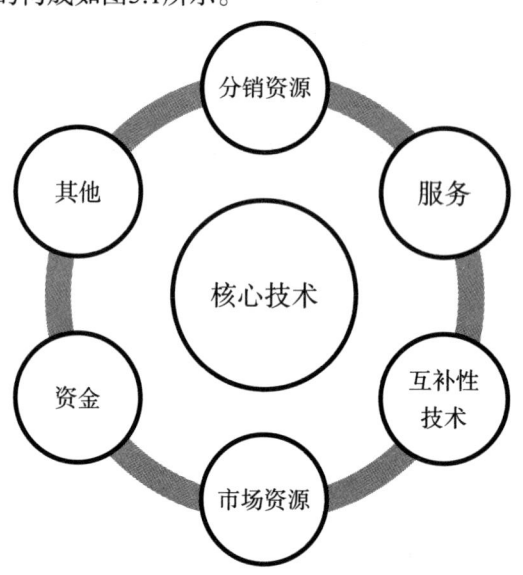

图3.1　互补性资产的主要构成

通过文献分析可以发现，互补性资产与企业规模大小、知识资产、行业经验、研发能力等因素相关，同时，在企业创新发展的战略选择中，与创新产品商业化、企业间战略合作联盟、企业动态能力、消费市场需求、技术多样性、系统复杂性等因素相互影响。根据不同分类依据，可以将互补性资产归纳为不同的分类，例如，Teece将创新对互补性资产的依赖程度分为：通用性互补资产、专业性互补资产和共同专业性互补资产，其各自内涵和具体案例如表3.1所示。

表3.1 互补性资产按照依赖程度的分类

类别	内涵	案例
通用性互补资产	是企业竞争能力形成的基础，不是专门用于创新的，可以通过市场交易获得，不需要为特定的创新行为所定制，有许多潜在的供应商，与创新所代表的技术突破相比是相对不重要的	例如，一般性目的的制造设备
专业性互补资产	表现出创新对互补性资产的单边依赖——即专业化互补资产通常只有一个可能的供应商，率先开发技术创新的企业要想获得成功，前提条件之一就是必须拥有不可模仿的专业化互补性资产	例如，某品牌电脑质量和服务上的良好声誉可以看作是其专业性互补资产
共同专业性互补资产	创新和资产之间表现出相互依赖	例如，集装箱运输，专门的卡车和终端只有在彼此结合的时候才能工作

3.1.2 文献分析

（1）Web of Science相关文献分析

以Web of Science核心合集数据库为数据源，时间设定为2006年至2022年，标题设定为"Complementary assets"（互补性资产）的检索条件，对所列文献进行学科领域和相关性的初步筛查后，再次根据被引频次由高至低筛选出相关学术文献共500篇。通过对筛选文献进行知识图谱分析得出图3.2。

利用文献题录信息统计分析工具——SATI对所选取的文献主题词进行抽取，抽取过程中采用了"文献去重""词干提取""应用停用词""应用分词"和"智能清洗"的智能处置措施，共获取独立关键词1977个。删除部分有明显错误和翻译后重复的词组后，由高到低提取出前20个高频词如表3.2所示。

图3.2　互补性资产相关文献关键词知识图谱（Web of Science）

表3.2　互补性资产相关文献中前20位高频主题词（Web of Science核心合集）

编号	高频词	频次	编号	高频词	频次
1	创新	16	11	知识	6
2	互补性资产	15	12	智力资本	5
3	资产	11	13	竞争优势	4
4	商业模式	9	14	合作	4
5	生态系统	8	15	信息系统	4
6	技术	8	16	专利	4
7	风险	8	17	中小企业	4
8	开放创新	7	18	竞争	3
9	资源	6	19	战略联盟	3
10	动态能力	6	20	价值创造	3

互补性资产相关文献（Web of Science）关键词前10位的频次自2006年至2022年的时间序列情况如图3.3所示。

（2）中国知网相关文献分析

以"中国知网"数据库为数据源，不限制时间条件，标题设定为"互补性资产"的检索条件，获得符合条件的相关学术文献共260篇，发表时间跨越2000年至2022年，按年度发表数量趋势如图3.4所示，互补性资产研究文献主题分布如3.5所示。

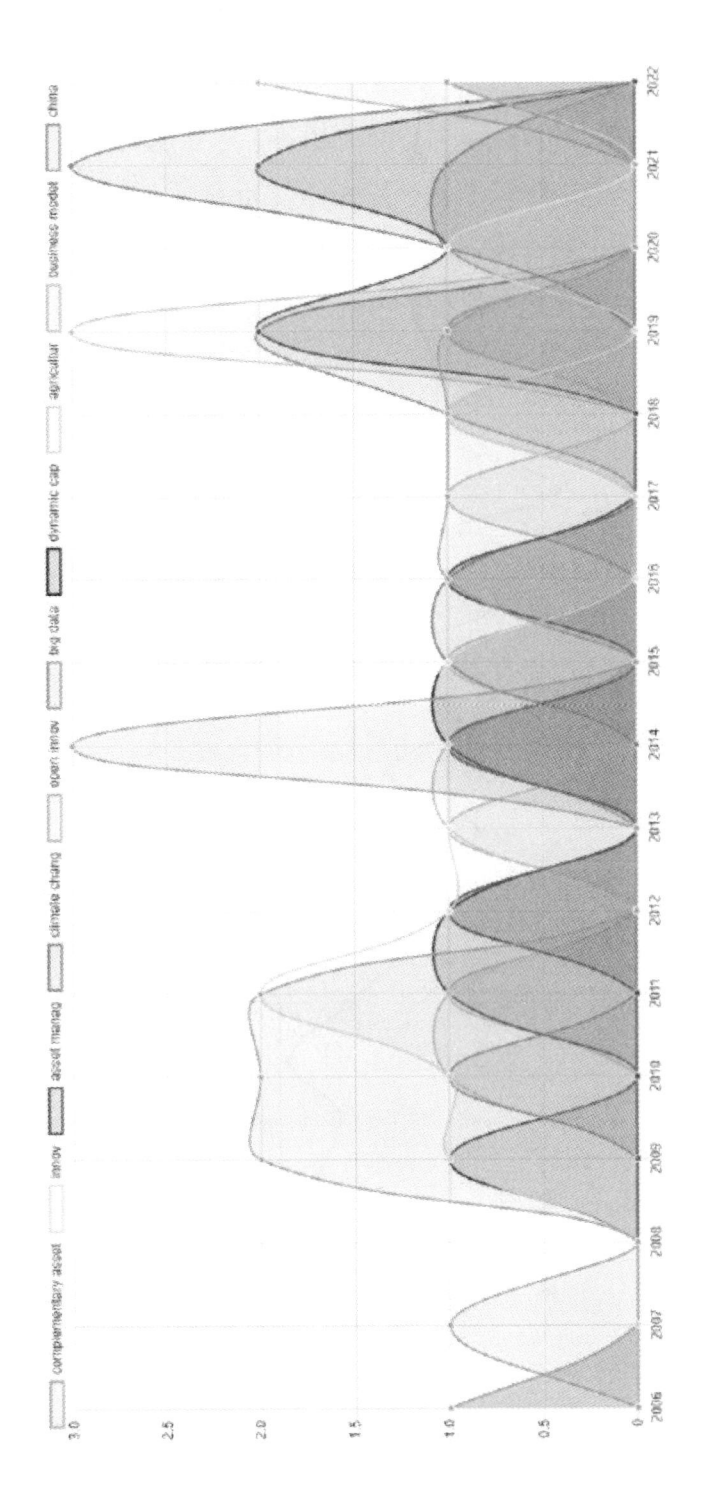

图3.3 互补性资产相关文献关键词频次时间序列（Web of Science）

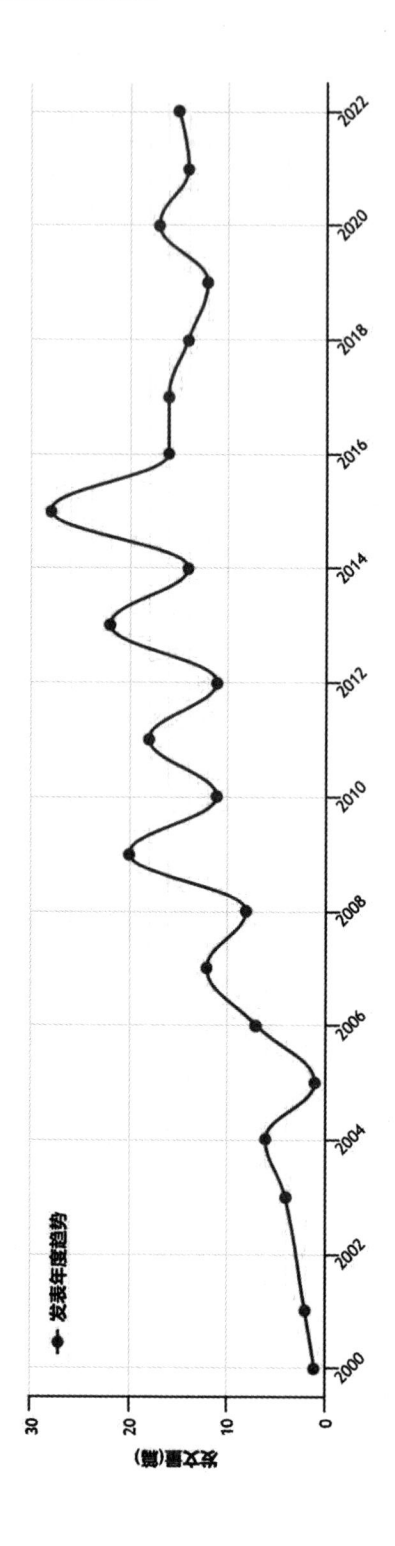

图3.4 中国知网"互补性资产"研究文献的年度发表情况

图3.5 中国知网"互补性资产"研究文献的主题分布

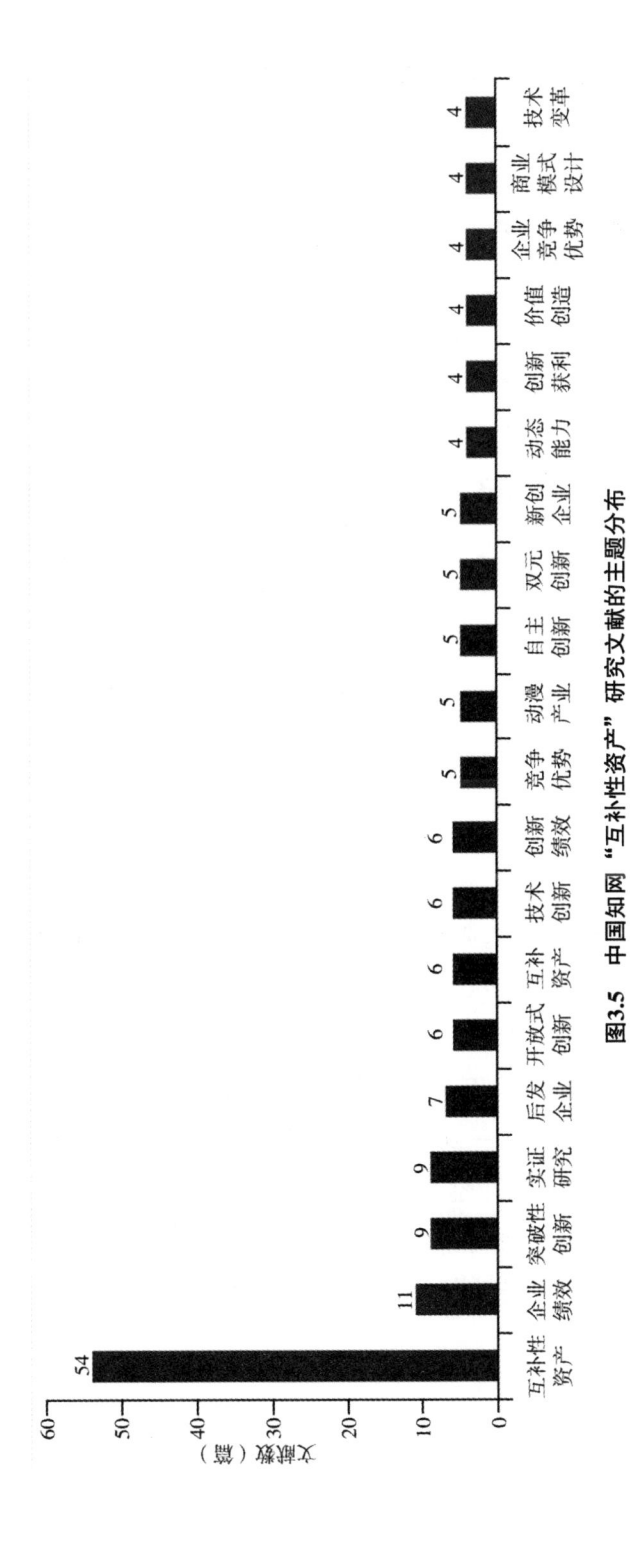

通过对筛选文献进行知识图谱分析得出如下图3.6所示。

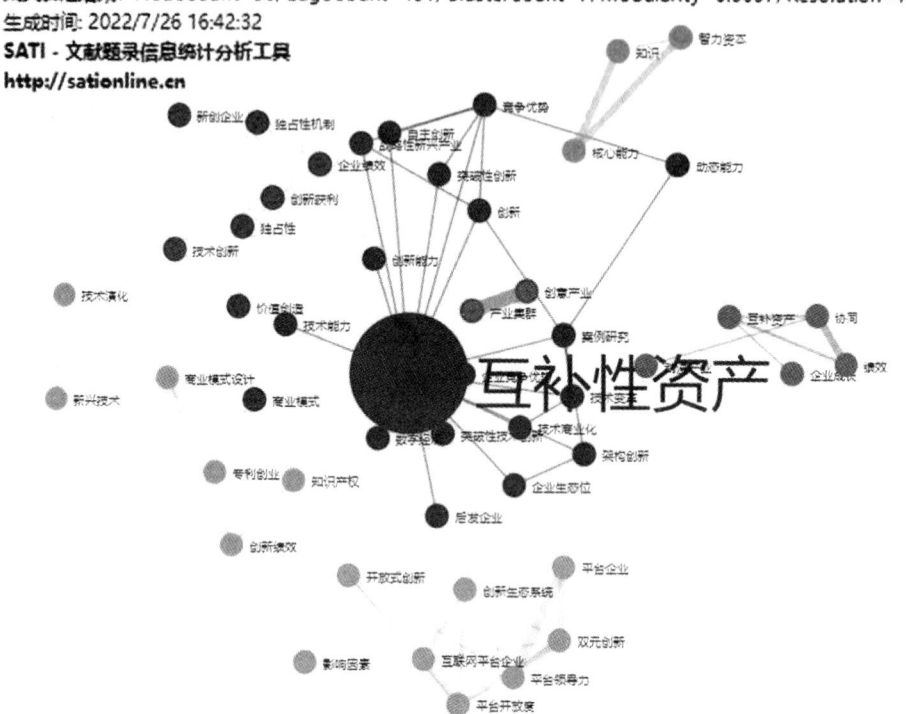

图3.6　互补性资产相关文献关键词知识图谱（中国知网）

互补性资产相关文献（中国知网）关键词前10位的频次自2000年至2022年的时间序列情况如下图3.7所示。

通过中国知网搜索"互补性资产"（主题词）结果可看出，我国对互补性资产的研究集中在2009—2016年，被引频次最高为634次，涉及的关键主题有动态能力、开放式创新、企业生态位、突破性创新、价值共创等方面，可以看出，在学术领域相关研究中，"互补性资产"与"创新"关联密切。具体被引频次前10位的国内互补性资产相关文献情况如下表3.3所示。

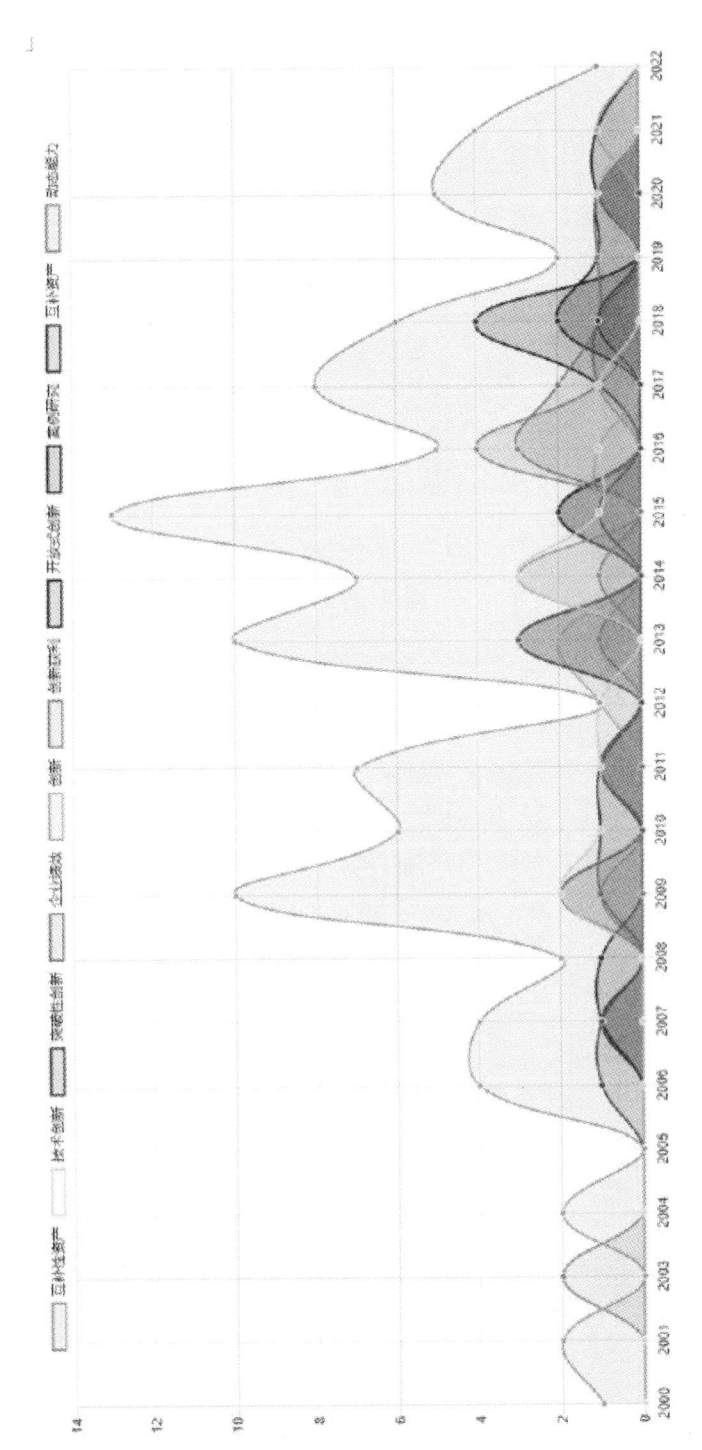

图3.7 互补性资产相关文献关键词频次时间序列（中国知网）

表 3.3 被引频次前 10 位的国内互补性资产文献

编号	题名	关键词	作者	来源	发表年份	第一作者单位	被引频次
1	"互联网+"、跨界经营：创造性破坏视角	"互联网+"，跨界经营，创造性破坏，报酬递增，隔绝机制	赵振	中国工业经济	2015	西南财经大学工商管理学院	634
2	知识、动态能力与企业持续竞争优势	竞争优势，动态能力，资源基础，知识	唐春晖	当代财经	2003	沈阳师范大学旅游管理学院	167
3	开放式创新：基于价值创新的认知性框架	开放式创新，价值识别，价值创造，价值获取	王雎，曾涛	南开管理评论	2011	电子科技大学经济与管理学院	160
4	架构创新、生态位优化与后发企业的跨越式赶超——基于比亚迪、联发科、华为、振华重工创新实践的理论探索	架构创新，企业生态位，跨越式赶超，从架构创新中获利，互补性资产	朱瑞博，刘志阳，刘芸	管理世界	2011	中国浦东干部学院教研部	154
5	企业的双元增长模型：平台增长及其内在机理	企业成长，双元模型，平台增长，内在机理	刘江鹏	中国工业经济	2015	西南财经大学企业管理研究所	149
6	企业绿色创新战略的价值研究	绿色创新战略，企业价值，创新能力，沉淀性冗余资源	杨静，刘秋华，施建军	科研管理	2015	南京工程学院经济与管理学院	97
7	突破性创新、互补性资产与企业间合作的整合研究	突破性创新，互补性资产，企业间合作	薛红志，张玉利	中国工业经济	2006	南开大学商学院	87
8	国际化、创新与企业绩效：基于紫金湖北省腾讯的实证研究	国际化程度，知识溢出，规模经济	海本禄，聂鸣	科研管理	2012	华中科技大学管理学院	80
9	创新生态系统的价值共创机制——基于腾讯众创空间的案例研究	创新生态系统，价值共创，案例研究	戴亦舒，叶丽莎，董小英	研究与发展管理	2018	北京大学光华管理学院	79
10	开放式创新网络中的价值独占机制：打开"开放性"和"狼共舞"悖论	开放式创新，创新网络，创新创造，创新独占，案例共享	应瑛，刘洋，魏江	管理世界	2018	浙江财经大学工商管理学院	79

64

利用文献题录信息统计分析工具——SATI对所选取的文献主题词进行抽取，抽取过程中采用了"文献去重""词干提取""应用停用词""应用分词"和"智能清洗"的智能处置措施，共获取独立关键词714个。删除部分有明显错误和翻译后重复的词组后，由高到低提取出前20个高频词如下表3.4所示。

表3.4 互补性资产相关文献中前20位高频主题词（中国知网）

编号	关键词	频次	编号	关键词	频次
1	互补性资产	108	11	企业	8
2	技术创新	26	12	专利	8
3	企业绩效	19	13	价值创造	7
4	创新	14	14	平台	7
5	动态能力	12	15	竞争优势	6
6	突破性创新	10	16	产业集群	5
7	创新获利	9	17	创新生态系统	5
8	开放式创新	9	18	自主创新	5
9	商业模式	8	19	双元创新	4
10	独占性	8	20	企业生态位	3

3.1.3 关键词聚类分析

通过对中国知网检索的互补性资产频次排名前50的关键词进行派系成员聚类，如下图3.8所示。

图3.8 互补性资产相关文献关键词派系聚类（中国知网）

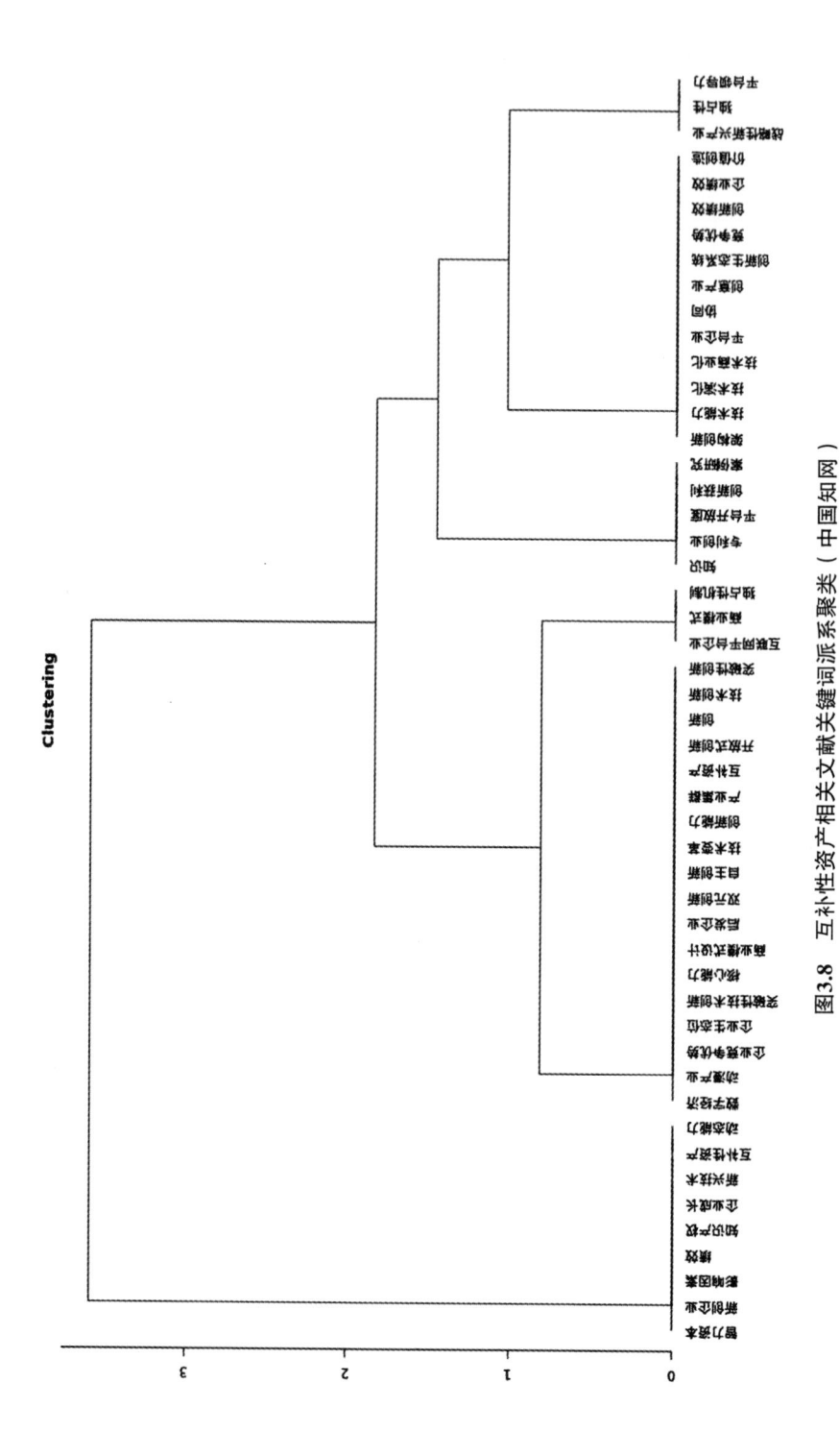

根据上图3.8，结合对互补性资产相关研究文献的梳理和总结，将国内互补性资产的研究热点划分为三个派系，分别为：互补性资产与企业生态、互补性资产与创新协同、互补性资产与企业发展，具体派系分类与所含关键词信息如下表3.5所示。

表3.5 互补性资产相关文献关键词派系聚类分析结果（中国知网）

派系	关键词
互补性资产与企业生态	企业竞争优势，核心能力，商业模式，开放式创新，突破性技术创新，产业集群，双元创新
互补性资产与创新协同	创新获利、专利、架构创新、技术能力、协同、价值创造、独占性
互补性资产与企业发展	企业成长，绩效，动态能力，新创企业，智力资本

3.1.4 研究热点分析

（1）应用领域

互补性资产的应用非常广泛，凡是涉及创新产品商业化的相关领域都需要考虑其影响作用。近年来，互补性资产涉及的产业领域主要有：信息产业、制造业、化工产业、电信产业、化石能源领域、生物制药业等，相关领域研究分布情况如下图3.9所示。

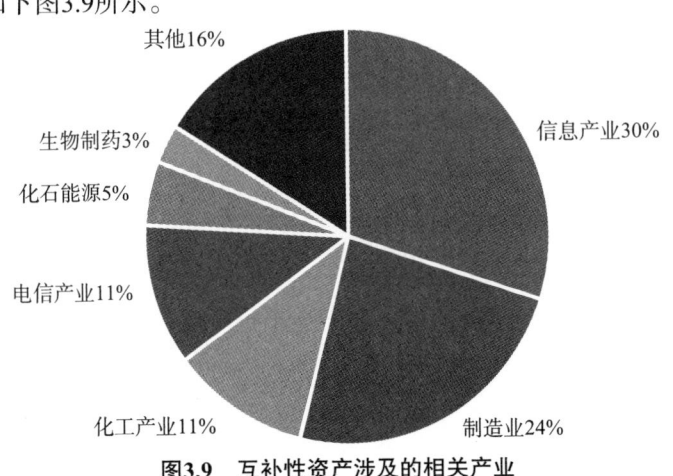

图3.9 互补性资产涉及的相关产业

（2）影响研究

在互补性资产的相关研究文献中，主要涉及两方面的影响研究，一方面是互补性资产对企业战略选择的影响，另一方面是互补性资产对不同类型企业创新获利的影响。

企业战略选择方面，互补性资产的概念提出之前，学者对企业创新过程中的战略选择的相关研究一般都是基于创新技术水平、创新过程和企业的战略规划等方面。随着互补性资产概念的提出，学者开始重视互补性资产在创新技术商业化过程中的重要作用，并对企业进行创新战略选择产生重要影响。例如，企业考虑如何在创新中获利时涉及的：渠道选择问题[47]、市场进入战略[48]、利益最大化[49]等方面。

不同类型的企业创新获利方面，根据互补性资产的分类，学者主要对两种类型的企业在其创新产品商业化过程中拥有的互补性资产水平的不同所带来的影响进行分析。在技术创新演化过程中，对拥有互补性资产的传统在位企业，通用互补性资产并不能够对其产生优势，因为创新企业很容易通过合同等方式获取通用互补性资产，因而在位企业容易失去竞争优势；专业互补性资产因其独特"瓶颈"特性，很容易帮助在位企业产生竞争优势，因为对创新企业而言，专业互补性资产较难获取，因此无法实现在创新中获利；共同专业互补性资产对在位企业和创新企业的影响处于通用互补性资产和专业互补性资产之间，对两者能够同时产生制约作用。

（3）评价指标

在互补性资产的相关实证研究中，国内外学者在研究互补性资产对企业创新等方面的影响时，结合具体产业领域的企业创新独特性，给出了互补性资产的评价指标体系。互补性资产评价的共性指标及其具体评价指标如下表3.6所示。

表3.6 互补性资产衡量方式

共性指标	具体指标
配套服务	从业年限，行业经验，技术质量
互补技术	相关支持性技术的实施
人力资本	高技术人才占比

续表

共性指标	具体指标
营销能力	直接分销系统，分销人员数量
资金	股票回报，资产回报，融资占比
资源	供应链，上下游相关活动
环境	政策扶持，文化氛围
市场	销售费用，市场份额

3.2 评价体系构建

国内外对创新生态系统的研究主要从区域[50,51]、国家[52,53]、产业[54,55]及企业[56]等视角展开[57]。其中，微观层面的企业创新生态系统更加突出以主导企业为核心的创新主体与创新环境之间相互影响的作用，可以从微观视角对区域整体生态进行有效剖析。

通过对前文中对互补性资产、企业创业创新生态系统、企业生态位相关研究的梳理和总结，发现国内外学者和相关研究机构对企业创业创新生态评价采用的指标体系都各有侧重，但其构成要素基本包含以下几类：人才方面、基础设施配套方面、金融资本支持方面、创业政策和政府补贴方面、创业服务、创业文化氛围等。因此，本研究面向互补性资产的视角，对新能源汽车企业创业创新生态系统评价指标体系的构建主要从以下三个方面展开：创业创新动力、创业创新支持和创业创新环境。对新能源汽车企业生态位评价指标体系的构建主要从两个方面展开："态"能级属性方面和"势"潜力属性方面。

3.2.1 企业创业创新生态系统评价体系构建

对企业创业创新生态系统进行评价研究的目的主要是通过评价了解企业创业创新生态中存在的瓶颈和不足，进而提升和优化区域创新创业环境，为地方政府和相关部门制定有效推动企业创新创业发展的扶持政策以及积极构建科技服务等中介机构和优质的创新创业服务平台，达到聚集企业创新创业人才、吸引创新创业落户、发挥企业创新创业效能，推动技术经济化、科技产业化、创新商业化，实现区域经济社会可持续发展的目的。

（1）影响"创业创新动力"的关键互补性资产

在新能源汽车产品创新扩散过程中，企业的研发能力和运营能力能够帮助企业扩大资源利用效率，帮助企业转化潜在需求，是企业创业创新生态系统可持续发展必不可少的互补性资产。传统燃油汽车在位企业科研经费的投入和运营管理能力等作为关键互补性资产，有利于在创新产品商业化过程中为其提供有效的创业创新动力。

本书参考了不同学者对"创业创新动力"方面评价的指标选取，主要从研发能力和运营能力两方面来度量新能源汽车企业创业创新生态系统的创业创新动力。其中，研发能力包括人均技术装备水平、科研经费投入率、新产品研发；运营能力包括总资产周转率、存贷周转率、应收账款周转率。

（2）影响"创业创新支持"的关键互补性资产

在对互补性资产相关研究的梳理中发现，很多学者对从创新中获利的关键互补性资产总结有人才、资本、创新协作等方面因素。企业通过对智力资本的有效利用有助于企业创业创新生态系统内形成更高效的协同创新支持体系。来源于金融机构及各类投资，通过借贷、互联网众筹、天使资金及风险投资等方式的资本金，以及为企业提供的各类投融资服务、企业本身的资金的高效利用能够为技术创新的成功提供有力支持。

本书将从人力资本、资本支持、创业协作三个方面对新能源汽车企业创业创新生态系统的创业创新支持方面互补性资产进行评价研究。其中，人力资本包括高质量人才比重、员工总数；资本支持包括融资占比、净利润增长率、主营业收入增长率；创业协作包括创业协作水平和创新软实力。

（3）影响"创业创新环境"的关键互补性资产

对新能源汽车企业来说，目前多数新能源汽车产品仍旧能够享受国家和地方的政策支持和推广补贴，因此，政策环境对新能源汽车企业创业创新环境的优化具有重要影响。另外，"大众创新万众创业""宽容失败""鼓励原创""培养企业家精神"等文化氛围能够吸引更多具有相似价值观的人才或企业形成创业创新生态系统，有利于形成良性的生态环境。

因此，本书对影响新能源汽车企业创业创新生态系统的创业创新环境方面的互补性资产从政策环境和文化环境两方面进行评价。其中，政策环境主要是指在企业创新技术形成及转化过程中，政策的出台是否有效推动了创新成果商业化，主要由政府补贴体现。文化环境主要由企业年限和创业包容性两方面体现。

（4）预设指标体系

因此，综合对企业创业创新生态系统的分析及评价指标的总结和梳理，预设面向互补性资产的新能源汽车企业创业创新生态系统评价指标体系包含三级评价指标，其中一级指标有：创业创新动力、创业创新支持、创业创新环境。二级指标有：研发能力、运营能力、人力资本、资本支持、创业协作、政策环境、文化环境。三级指标有：人均技术装备水平、科研经费投入率、新产品研发投入、总资产周转率、存贷周转率、应收账款周转率、高质量人才比重、员工总数、融资占比、净利润增长率、主营业收入增长率、创业协作水平、创新软实力、政府补贴、企业年限、创业包容性。

具体预设评价指标体系如下表3.7所示。

表3.7 新能源汽车企业创业创新生态系统评价预设指标体系

一级指标	二级指标	三级指标
创业创新动力	研发能力	人均技术装备水平
		科研经费投入率
		新产品研发投入
	运营能力	总资产周转率
		存贷周转率
		应收账款周转率

续表

一级指标	二级指标	三级指标
创业创新支持	人力资本	高质量人才比重
		员工总数
	资本支持	融资占比
		净利润增长率
		主营业收入增长率
	创业协作	创业协作水平
		创新软实力
创业创新环境	政策环境	政府补贴
	文化环境	企业年限
		创业包容性

3.2.2 企业生态位评价体系构建

本书结合生态学理论,参考学者对企业生态位评价指标的设置和选择,从互补性资产的视角,对企业创新发展过程中具有关键影响作用的互补性资产进行分类,将影响企业创新生态地位和能级的方面归类为"态"能级属性指标,影响企业创新生态发展趋势的方面归类为"势"潜力属性指标。

(1)影响"态"能级属性的关键互补性资产

本书将从市场份额、企业规模、人力资源三个方面对新能源汽车企业生态位影响"态"能级属性的互补性资产进行评价研究。其中,市场份额由企业新能源汽车产品市场占有率体现;企业规模包括销售收入、利税总额、净资产;人力资本包括高质量人才比重、员工总数。

(2)影响"势"潜力属性的关键互补性资产

本书将从经营能力、营销能力、研发能力、组织能力四个方面对新能源汽车企业生态位影响"势"潜力属性的互补性资产进行评价研究。其中,经营能力包括净利润增长率、净资产收益率；营销能力包括市场增长率、营销投入增长率；研发能力包括人均技术装备水平、科研经费投入率；组织能力由组织扩张水平体现。

（3）预设指标体系

因此，综合对企业生态位的分析及评价指标的总结和梳理，预设面向互补性资产的新能源汽车企业生态位评价指标体系分别包含"态"能级指标和"势"潜力指标，其中"态"能级指标包括：市场份额、企业规模、人力资本；"势"潜力指标包括：经营能力、营销能力、研发能力、组织能力。三级指标具体包括：市场占有水平、销售收入、利税总额、净资产、高质量人才比重、员工总数、净利润增长率、净资产收益率、市场增长率、营销投入增长率、人均技术装备水平、科研经费投入率、组织扩张水平。

具体预设评价指标体系如下表3.8所示。

表3.8 新能源汽车企业生态位评价预设指标体系

一级指标	二级指标	三级指标
"态"能级指标	市场份额	市场占有水平
	企业规模	销售收入
		利税总额
		净资产
	人力资本	高质量人才比重
		员工总数
"势"潜力指标	经营能力	净利润增长率
		净资产收益率
	营销能力	市场增长率
		营销投入增长率
	研发能力	人均技术装备水平
		科研经费投入率
	组织能力	组织扩张水平

3.3 本章小结

本章对互补性资产的概念、分类、相关文献、研究热点等内容进行总结和梳理，并结合研究评述初步构建新能源汽车企业创业创新生态系统评价体系和企业生态位评价体系。评价指标体系在选择和确定评价指标时遵循相关性、重要性、可比性、系统性和可获取性的原则，旨在选取可量化、具有代表性的指标。指标体系中各级指标原始数据获取、标准数据计算以及权重的确定将在后续章节中给出。

本章初步构建由三级指标构成的预设指标体系，为后续面向互补性资产的新能源汽车企业创业创新生态系统评价和企业生态位评价研究提供评价依据。其中，预设面向互补性资产的新能源汽车企业创业创新生态系统评价指标体系包含三级评价指标，其中一级指标有：创业创新动力、创业创新支持、创业创新环境。二级指标有：研发能力、运营能力、人力资本、资本支持、创业协作、政策环境、文化环境。三级指标有：人均技术装备水平、科研经费投入率、新产品研发投入、总资产周转率、存贷周转率、应收账款周转率、高质量人才比重、员工总数、融资占比、净利润增长率、主营业收入增长率、创业协作水平、创新软实力、政府补贴、企业年限、创业包容性。预设面向互补性资产的新能源汽车企业生态位评价指标体系分别包含"态"能级指标和"势"潜力指标，其中"态"能级指标包括：市场份额、企业规模、人力资本；"势"潜力指标包括：经营能力、营销能力、研发能力、组织能力。三级指标具体包括：市场占有水平、销售收入、利税总额、净资产、高质量人才比重、员工总数、净利润增长率、净资产收益率、市场增长率、营销投入增长率、人均技术装备水平、科研经费投入率、组织扩张水平。

第 4 章　新能源汽车企业创业创新生态系统评价研究

结合前文对企业创新生态系统和互补性资产的研究综述，以及基于互补性资产构建的企业创新生态系统评价指标体系，对新进入企业的创业创新生态系统进行评价分析，深入剖析在日益复杂的国际和国内新形势下，对企业创新行为具有关键影响因素的互补性资产及其作用机理，为企业创业创新提供了直接且有力的理论支撑和实践模板，对用于企业创新发展及区域创业服务平台构建具有重要意义。

4.1　基本情况

4.1.1　样本选取及数据来源

基于本课题的研究目的、样本典型性和数据资料可获取性等因素，选取国内外具有代表性的主营新能源汽车相关业务的上市公司，其中包括近几年发展强势的新能源新势力汽车企业和传统燃油汽车转型新能源汽车产品的企业等创新主体，作为企业创业创新生态系统评价及企业生态位评价的研究对象，数据主要来源于上市公司年报，剔除部分指标数据资料不全、数据异常及业务相关性较差的企业，最终选取典型的有效样本企业8家。企业名称、企业代号、股票代码及2021年报披露的每股收益情况如下表4.1所示。

表4.1 2021年新能源汽车企业样本相关信息[①]

企业代号	企业名称	成立年份	新能源汽车销量（辆）	销售收入（亿元）
E1	蔚来	2014	90866	19.66
E2	小鹏汽车	2018	96641	-10.95
E3	理想	2017	91310	83.40
E4	比亚迪	1995	525861	2026.66
E5	特斯拉	2010	322020	56.44（美元）
E6	吉利汽车	1973	18270	153.48
E7	上汽集团	1984	733000	6453.27
E8	江淮汽车	1999	134118	477.07

4.1.2 企业创业创新生态基本情况

本章选取8家新能源汽车企业的生产和经营数据进行对比分析，介绍新能源汽车企业创业创新生态系统的基本情况。

（1）创业创新动力方面

创业创新动力主要包括影响企业在新产品创新扩散方面动力的关键互补性资产，有研发能力、运营能力两个方面。从下图4.1中可以看出，8家新能源汽车企业人均技术装备水平、存贷周转率以及总资产周转率方面的表现。

其中，8家企业总资产周转率方面的差异较大，E2最低为-0.07，E5最高为0.09，说明其企业运营能力和资产收益能力较强。存贷周转率方面，E1和E8较高，说明其资金循环和流转较快，资金利用率较高。人均技术装备水平方面，E7最高为0.052，E4最低为0.0021。

---

① 数据来源：2021年WAYS检测零售量、2021年企业年报

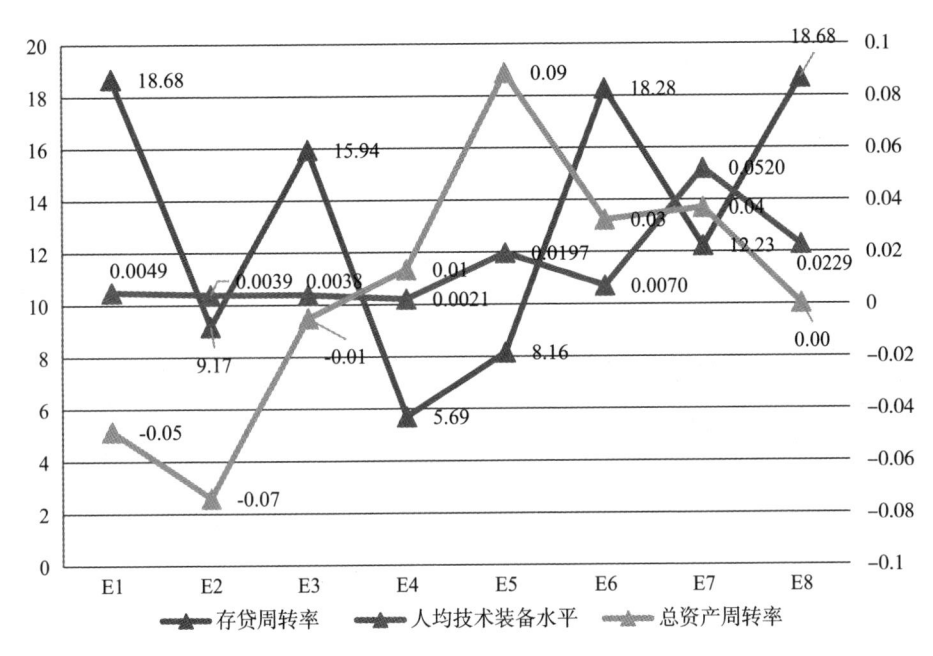

图4.1 新能源汽车企业创业创新动力情况比较

（2）创业创新支持方面

创业创新支持主要包括影响企业在新产品创新扩散方面支持的关键互补性资产，有人力资本、资金支持和创业协作三方面。从下图4.2中可以看出，8家新能源汽车企业高质量人才比重、融资占比、净利润增长率、无形资产方面的情况。

其中，8家企业在融资占比方面相差不大；在净利润增长率方面，E5表现突出，为7.01；高质量人才占比方面，E2、E3、E7表现较高，分别为37%、38.7%和34.28%。

（3）创业创新环境方面

创业创新环境主要包括企业在新产品创新扩散方面与环境相关的关键互补性资产，有政策环境和文化环境两方面。从下图4.3中可以看出，8家新能源汽车企业政府补贴、企业经营年限的情况。

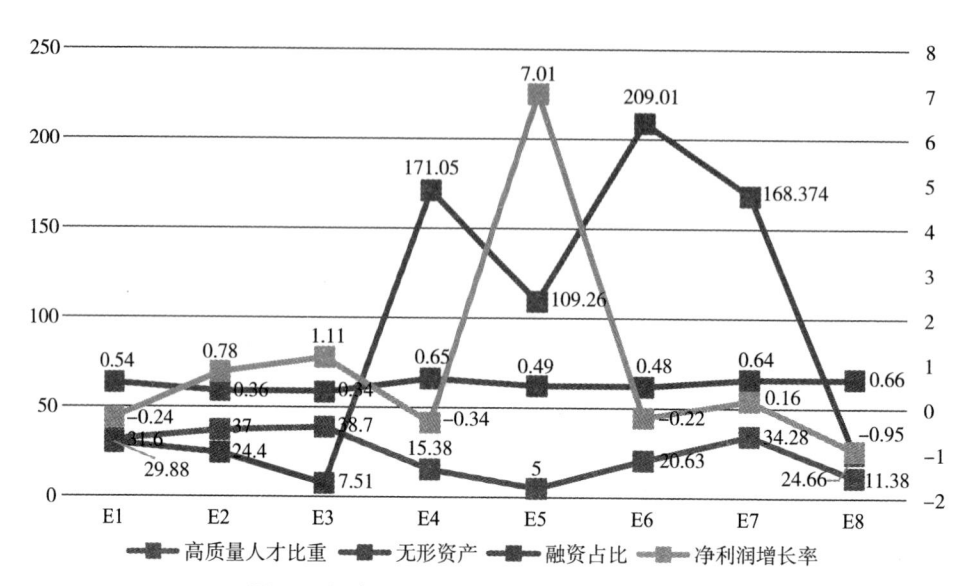

图4.2 新能源汽车企业创业创新支持情况比较

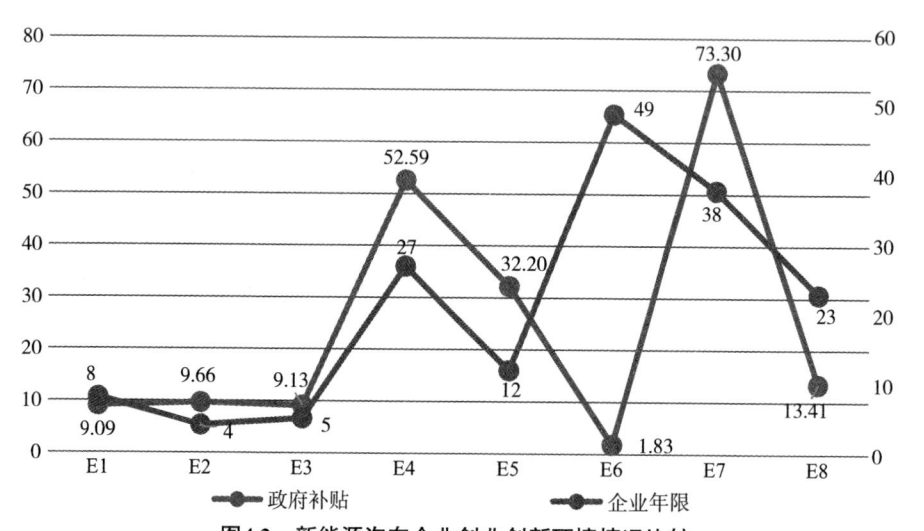

图4.3 新能源汽车企业创业创新环境情况比较

其中，所选的8家样本企业经营年限从4年至49年不等，涵盖了新能源创新企业和传统燃油汽车转型发展新能源汽车产品的在位企业。政府补贴方面主要与新能源汽车产品销售情况相关，其中E7最高为73.3亿元，说明E7新能源汽车产品销售情况较好。

4.2 评价方法选取及指标权重

4.2.1 突变级数法

突变级数法是利用动态拓扑理论构造自然现象和社会活动中的不断连续变化现象的数学模型，并描述和预测事物连续性中断的质变过程，是研究由渐变引起突变的系统理论，最早由法国数学家提出。突变模型的研究对象是系统的势函数[58]，是描述系统的控制变量和状态变量之间的相对关系、相对位置的函数。根据系统的评价目的，按照评价系统的内在作用机理，将系统分解为若干评价指标组成的多层指标体系，成倒立树状结构排列，由评价总指标逐渐分解到下层子指标，这样，指标体系只需要了解最下层指标的情况，就可以推演出系统总指标。

突变级数法的优点是根据各评价目标在其归一公式本身中的矛盾地位和内在机制决定其对各目标的重要性，而不是由决策者主观赋权确定，因此减少了评价过程中的主观性。突变级数法的评价过程：（1）构造评价指标体系，将系统分解为由若干评价指标组成的多层次评价系统；（2）通过将突变理论和模糊数学相结合，确定底层评价指标的评分；（3）利用归一公式进行综合量化运算，通过递归求出系统综合突变隶属度值；（4）对各子系统的综合突变隶属度值进行排序，对总系统进行综合评价[31]。

突变系统的类型共有七种，分别为：尖点突变、燕尾突变、蝴蝶突变、折叠突变、双曲脐点突变、椭圆脐点突变和抛物脐点突变，其中最常见的为尖点突变、燕尾突变和蝴蝶突变，系统模型如下表4.2所示。模型中$f(x)$表示系统的状态变量x的势函数，x的系数a，b，c，d等，表示状态变量的控制变量。突变系统状态变量的控制变量不超过四个。当系统状态变量为一个，控制变量为两个时，系统可看作是尖点突变系统；系统状态变量为一个，控制变量为三个时，系统是燕尾突变系统；系统状态变量为一个，控制变量为四个时，系统为蝴蝶突变系统。

表4.2 常见三种突变级数系统模型

模型		归一化方程
尖点突变	$f(x) = x^4 + ax^2 + bx$	$x_a = \sqrt{a}, x_b = \sqrt[3]{b}$
燕尾突变	$f(x) = \frac{1}{5}x^5 + \frac{1}{3}ax^3 + \frac{1}{2}bx^2 + cx$	$x_a = \sqrt{a}, x_b = \sqrt[3]{b}, x_c = \sqrt[4]{c}$
蝴蝶突变	$f(x) = \frac{1}{6}x^6 + \frac{1}{4}ax^4 + \frac{1}{3}bx^3 + \frac{1}{2}cx^2 + dx$	$x_a = \sqrt{a}, x_b = \sqrt[3]{b}, x_c = \sqrt[4]{c}, x_d = \sqrt[5]{d}$

4.2.2 熵值法

突变级数法在评价具体指标时，同一属性、同一层次的指标中，重要程度相对大的指标排在前面，相对次要的指标排在后面。熵值法是一种客观赋权相对精确的方法，为克服排序的主观性，本章选取熵值法来计算各指标权重的大小，对其进行排序，以保证各项指标所排顺序和所对应的重要程度一致。熵值法确定各指标权重的计算方法如下：

首先，第j项指标的第i个样本的比重t_{ij}为：

$$t_{ij} = \frac{z_{ij}}{\sum_{i=1}^{m} z_{ij}} (i=1,2,\cdots,m; j=1,2,\cdots,n) \quad (4.1)$$

其中z_{ij}表示第j项指标的第i个样本；

其次，第j项指标的熵值e_j：

$$e_j = -\frac{1}{ln(m)} \sum_{i=1}^{m} t_{ij} \, lnt_{ij} (j=1,2,\cdots,n) \quad (4.2)$$

最后，计算指标的效用值$d_i = 1 - e_i$，第j项指标的权重为：

$$w_j = d_j / \sum_{j=1}^{n} d_j \quad (4.3)$$

对于多层结构的评价指标，根据熵的可加性，可以利用下层结构的指标权重求和，得到上层各类指标的权重，记做D_k，进而得到相应上层指标的权重：

$$T_k = D_k / \sum_{i=1}^{s} D_k \quad (4.4)$$

4.2.3 归一化处理

归一公式将系统内控制变量的不同质态转化为同一质态，即统一化为状态变量表示的质态。控制变量在利用归一公式计算各子系统对应的状态变量值时，根据该变量所对应的各个控制变量计算出的每个变量值的权重由大到小排列对应。

尖点型突变函数，转化为归一公式（突变模糊隶属函数）：

$$X_M = \frac{(X_{P_1}^{1/2} + X_{P_2}^{1/3})}{2} \quad (4.5)$$

其中X_M表示对应M的生态位值X；X_{P_i}表示M指标的下一级指标P_i的生态位值X；

类似地，对于燕尾突变函数，得归一公式：

$$X_M = \frac{(X_{P_1}^{1/2} + X_{P_2}^{1/3} + X_{P_3}^{1/4})}{3} \quad (4.6)$$

对于蝴蝶型突变函数，得归一公式：

$$X_M = \frac{(X_{P_1}^{1/2} + X_{P_2}^{1/3} + X_{P_3}^{1/4} + X_{P_4}^{1/5})}{4} \quad (4.7)$$

4.3 评价体系有效性检验

4.3.1 预设指标体系

基于第三章3.2.1中对企业创业创新生态系统评价体系的构建，可以看到本研究中新能源汽车企业创业创新生态系统评价指标体系中一级二级指标下都有若干个指标，各级指标的子指标不超过4个，满足一般突变系统某状态变量的控制变量不大于4的基本条件，所有指标之间均为互补关系。本研究选取8家新能源汽车企业，抽取各项指标数据，根据熵值法确定各项指标的重要程度，按照突变级数法计算出突变模型数据，最后对企业创业创新生态系统评价综合指标得分进行排列，并与企业净资产和销售收入水平进行对比。根据第3章中企业创业创新生态系统评价指标体系的初步构建，预设指标体系及标号如表4.3所示。

表4.3 企业创业创新生态系统评价指标体系构建

编码	一级指标	编码	二级指标	编码	三级指标
IP	创业创新动力	IP-1	研发能力	P1	人均技术装备水平
				P2	科研经费投入率
				P3	新产品研发投入
		IP-2	运营能力	P4	总资产周转率
				P5	存货周转率
				P6	应收账款周转率
IS	创业创新支持	IS-1	人力资本	P7	高质量人才比重
				P8	员工总数
		IS-2	资本支持	P9	融资占比
				P10	净利润增长率
				P11	主营业收入增长率
		IS-3	创业协作	P12	创新协作水平
				P13	创新软实力
IE	创业创新环境	IE-1	政策环境	P14	政府补贴
		IE-2	文化环境	P15	企业年限
				P16	创业包容性

4.3.2 指标数据有效性检验

本章构建的新能源汽车企业创业创新生态系统预设评价指标体系如上表4.3所示，评价指标体系中包含创业创新动力、创业创新支持、创业创新环境三方面16个指标，对应的8家新能源汽车企业创业创新生态系统评价的原始数据如附录A所示。下面将对8家新能源汽车企业对应指标数据进行检验，按照创业创新动力指标（6个）、创业创新支持（7个）和创业创新环境指标（3个）的分类分别进行相关性分析及KMO检验，以验证数据的有效性。

（1）创业创新动力指标数据有效性检验

通过下表4.4中所示的创业创新动力涵盖的6个指标对应的Kendall和Spearman相关系数矩阵可知，这6个指标之间内部相关性不强，相关系数最高为0.762。

表4.4　创业创新动力指标相关系数矩阵

		P1	P2	P3	P4	P5	P6
Kendall的 tau_b	P1	1					
	P2	0.286	1				
	P3	0.214	0.357	1			
	P4	0.357	0.071	0.571	1		
	P5	0.143	0	−0.214	−0.214	1	
	P6	0.143	−0.143	−0.071	0.071	0.143	1
Spearman的 rho	P1	1					
	P2	0.333	1				
	P3	0.214	0.571	1			
	P4	0.524	0.238	0.762*	1		
	P5	0.214	−0.119	−0.333	−0.167	1	
	P6	0.119	−0.238	−0.238	0.19	0.048	1

*表示$p<0.05$，**表示$p<0.01$

表4.5　创业创新动力指标KMO检验

取样足够度的 Kaiser-Meyer-Olkin 度量		0.532
Bartlett的球形度检验	近似卡方	12.764
	df	15
	Sig.	0.077

从上表4.5中可以得到KMO的值为$0.532<0.7$（KMO值越接近1表示越适合做因子分析，越接近于0表示越不适合做因子分析），认为该6项创业创新动

力指标不太适合做因子分析，说明该项指标数据结构的设计较合理。

（2）创业创新支持指标数据有效性检验

通过下表4.6中所示的创业创新支持涵盖的7个指标对应的Kendall和Spearman相关系数矩阵可知，这7个指标之间内部相关程度一般，相关系数最高为0.762。

表4.6 创业创新支持指标相关系数矩阵

		P7	P8	P9	P10	P11	P12	P13
Kendall的 tau_b	P7	1						
	P8	−0.5	1					
	P9	−0.5	0.143	1				
	P10	0.429	−0.071	−0.643	1			
	P11	0.5	−0.143	−0.286	0.357	1		
	P12	0.143	−0.071	−0.357	0.286	0.214	1	
	P13	−0.357	0.571	0.286	−0.214	−0.286	−0.357	1
Spearman的rho	P7	1						
	P8	−0.452	1					
	P9	−0.619	0.119	1				
	P10	0.31	0.048	−0.762*	1			
	P11	0.738*	−0.167	−0.429	0.571	1		
	P12	0.214	−0.095	−0.619	0.429	0.19	1	
	P13	−0.476	0.762*	0.381	−0.286	−0.333	−0.524	1

*表示$p<0.05$，**表示$p<0.01$

表4.7 创业创新支持指标KMO检验

取样足够度的 Kaiser-Meyer-Olkin 度量		0.379
Bartlett 的球形度检验	近似卡方	25.196
	df	21
	Sig.	0.042

从上表4.7中可以得到KMO的值为0.379＜0.7（KMO值越接近1表示越适合做因子分析，越接近于0表示越不适合做因子分析），认为该7项创业创新支

持指标不太适合做因子分析,说明该项指标数据结构的设计较合理。

(3)创业创新环境指标数据有效性检验

通过下表4.8中所示创业创新环境涵盖的3个指标对应的Kendall和Spearman相关系数矩阵可知,这3个指标之间内部相关程度一般,相关系数最高为0.752。

表4.8 创业创新环境指标相关系数矩阵

		P14	P15	P16
Kendall的tau_b	P14	1		
	P15	−0.214	1	
	P16	−0.405	0.752*	1
Spearman的rho	P14	1		
	P15	−0.214	1	
	P16	−0.357	0.657	1

*表示$p<0.05$,**表示$p<0.01$

表4.9 创业创新环境指标KMO检验

取样足够度的 Kaiser-Meyer-Olkin 度量		0.413
Bartlett 的球形度检验	近似卡方	14.287
	df	3
	Sig.	0.001

从上表4.9中可以得到KMO的值为0.413＜0.7(KMO值越接近1表示越适合做因子分析,越接近于0表示越不适合做因子分析),认为该3项创业创新环境指标不太适合做因子分析,说明该项指标数据结构的设计较合理。

4.4 评价结果分析

4.4.1 评价模型设计

(1)数据预处理

本文使用2021年上市公司年报、企业公开资料等数据进行整理和计算,基本上能够准确地对企业的生态状况进行反映和描述。数据来源为各企业的年度报告、年度审计报告、年度社会责任报告、新闻报道等。将评价指标体系中各指标的原始数据进行标准化处理，以样本中各项指标原始数据中的最大值与最小值的差值为基准，将其最大值取为1.0000，最小值取为0.0000。

其中第12、15、16个指标为逆向指标（越小越好），其余的为正向指标（越大越好）标准化处理后再按照如下公式4.8进行逆向化（NMMS）处理。

$$逆向化: \frac{X_{max} - X}{X_{max} - X_{min}} \quad (4.8)$$

注：X_{min}表示最小值，X_{max}表示最大值。

采用上述准则后得到各评价指标标准数据，见表4.10。

表4.10 新能源汽车企业创业创新生态系统评价指标标准数据

	E1	E2	E3	E4	E5	E6	E7	E8
P1	0.0561	0.0361	0.0341	0.0000	0.3527	0.0982	1.0000	0.4168
P2	0.0463	0.0715	0.0456	0.0065	0.1411	0.0123	1.0000	0.0000
P3	0.0311	0.0264	0.0184	0.0890	1.0000	0.0398	0.1765	0.0000
P4	0.1571	0.0000	0.4227	0.5368	1.0000	0.6534	0.6816	0.4564
P5	1.0000	0.2724	0.8395	0.0000	0.2978	0.9436	0.3822	0.6960
P6	0.0222	0.0000	1.0000	0.0819	0.0500	0.0165	0.2079	0.2921
P7	0.7893	0.9496	1.0000	0.3080	0.0000	0.4638	0.8688	0.1893
P8	0.0379	0.0335	0.0262	1.0000	0.3342	0.1394	0.0373	0.0000
P9	0.6363	0.0681	0.0000	0.9683	0.4837	0.4389	0.9490	1.0000
P10	0.0887	0.2172	0.2589	0.0764	1.0000	0.0916	0.1396	0.0000
P11	0.2487	0.5139	0.3715	0.0855	0.1488	0.0318	1.0000	0.0000
P12	0.9623	1.0000	0.8982	0.5963	0.9615	0.8518	0.0000	0.8135
P13	0.1110	0.0838	0.0000	0.8116	0.5050	1.0000	0.7983	0.0851
P14	0.1016	0.1097	0.1022	0.7102	0.4250	0.0000	1.0000	0.1621
P15	0.9111	1.0000	0.9778	0.4889	0.8222	0.0000	0.2444	0.5778
P16	0.6500	0.7500	1.0000	0.2500	0.5500	0.1000	0.0000	0.4500

（2）确定指标权重

本研究的系统评价模型力求可实现、可操作，在对评价指标进行选择的过程中重点考虑可量化和具有代表性的指标。模型中各级指标的权重系数实质上反映了各因子的重要程度。用突变级数法进行评价时指标的权重数值仅用于对其按照重要程度排序，同时根据权重的可传递性，各上级指标权重可由下级指标累加获得其重要程度的对比数值。

根据4.2.2中介绍的熵值法计算得到各项子指标的权重，并根据权重由大到小排列各二级指标下的各项指标顺序，如表4.11所示。

表4.11 新能源汽车企业创业创新生态系统评价指标权重

一级指标	权重	二级指标	权重	三级指标	权重
IP	0.4995	IP-1	0.3423	P1	0.0836
				P2	0.1337
				P3	0.1250
		IP-2	0.1572	P4	0.0282
				P5	0.0298
				P6	0.0992
IS	0.3794	IS-1	0.1386	P7	0.0312
				P8	0.1073
		IS-2	0.1675	P9	0.0351
				P10	0.0714
				P11	0.0610
		IS-3	0.0733	P12	0.0177
				P13	0.0556
IE	0.1211	IE-1	0.0605	P14	0.0605
		IE-2	0.0607	P15	0.0258
				P16	0.0349

按照权重由大到小排列各指标，一级指标的排列顺序为：IP（创业创新动力）、IS（创业创新支持）、IE（创业创新环境）。对应的二级指标排序分别为：IP-1（研发能力）、IP-2（运营能力）；IS-2（资本支持）、IS-1（人力资

源）、IS-3（创业协作）；IE-2（文化环境）、IE-1（政策环境）。对应的三级指标排序为：P2、P3、P1，P6、P5、P4，P10、P11、P9，P8、P7，P13、P12，P16、P15，P14。由熵值法确定出的权重（重要性），是基于信息多少所反映出的不确定性的大小。通过熵值法确定指标权重，进而根据变量重要性重新排列各子系统中的指标顺序，最终按照权重大小调整顺序后的指标体系如下表4.12所示。

表4.12　新能源汽车企业创业创新生态系统评价体系（按权重排序）

一级指标	权重	二级指标	权重	三级指标	权重
IP	0.4995	IP-1	0.3423	P2	0.1337
				P3	0.1250
				P1	0.0836
		IP-2	0.1572	P6	0.0992
				P5	0.0298
				P4	0.0282
IS	0.3794	IS-2	0.1675	P10	0.0714
				P11	0.0610
				P9	0.0351
		IS-1	0.1386	P8	0.1073
				P7	0.0312
		IS-3	0.0733	P13	0.0556
				P12	0.0177
IE	0.1211	IE-2	0.0607	P16	0.0349
				P15	0.0258
		IE-1	0.0605	P14	0.0605

由上表4.12中可以看出：IP（创业创新活力）的6个三级指标中，P2（科研经费投入）最为重要，说明企业的科研投入是企业创业创新的活力不断提高以及创新获利的重要互补性资产。

IS（创业创新支持）的7个三级指标中P8（员工总数）、P10（净利润增长率）较为重要，说明我国新能源汽车产业发展至今，企业的人力资源呈现出对企业创新支持的关键互补性作用，同时作为工业制造业领域中的重头，汽车产品创新发展要求净利润增长率较高，其也是企业创业创新支持中的关键互补性资产。

在IE（创业创新环境）的3个三级指标中，P14（政府补贴）权重较高，也说明虽然我国新能源汽车产业发展势头较好，企业创业创新环境总体可持续发展，但政府的相关政策扶持和资金补贴等资源仍旧是新能源汽车企业创业创新环境中的关键互补性资产。

4.4.2 突变类型确定

本章中构建的新能源汽车企业创业创新生态系统评价体系中各指标子系统的状态变量均为一个，控制变量均不超过四个。根据各突变类型的特征，指标分解为两个子指标时，系统可看作是尖点突变系统；指标分解为三个子指标时，系统是燕尾突变系统；指标分解为四个子指标时，系统为蝴蝶突变系统。因此，各子系统的突变类型确定如下。

（1）二级指标子系统

IP-1（研发能力）下分解三个三级指标，属于燕尾突变系统，控制变量根据权重由高到低顺序依次为：P2、P3、P1；

IP-2（运营能力）下分解三个三级指标，属于燕尾突变系统，控制变量根据权重由高到低顺序依次为：P6、P5、P4；

IS-1（人力资源）下分解出两个三级指标，属于尖点突变系统，控制变量根据权重由高到低顺序依次为：P8、P7；

IS-2（资本支持）下分解三个三级指标，属于燕尾突变系统，控制变量根据权重由高到低顺序依次为：P10、P11、P9；

IS-3（创业协作）下分解两个三级指标，属于尖点突变系统，控制变量根据权重由高到低顺序依次为：P13、P12；

IE-1（政策环境）下只分解了一个三级指标，因此可以直接传递；

IE-2（文化环境）下分解出两个三级指标，属于尖点突变系统，控制变量根据权重由高到低顺序依次为：P16、P15。

（2）一级指标子系统

IP（创业创新动力）下分解两个二级指标，属于尖点突变系统，控制变量根据权重由高到低顺序依次为：IP-1、IP-2；

IS（创业创新支持）下分解三个二级指标，属于燕尾突变系统，控制变量根据权重由高到低顺序依次为：IS-2、IS-1、IS-3；

IE（创业创新环境）下分解两个二级指标，属于尖点突变系统，控制变量根据权重由高到低顺序依次为：IE-2、IE-1。

（3）综合指标系统

新能源汽车企业创业创新生态系统评价综合指标分解为IP（创业创新动力）、IS（创业创新支持）、IE（创业创新环境）三个一级指标，其系统为燕尾突变且互补，控制变量按照权重依次排序为：IP（创业创新动力）、IS（创业创新支持）、IE（创业创新环境）。

4.4.3 评价结果

根据前文构建的突变级数评价模型和归一化处理方式，得出一级指标和二级指标的综合得分，如下表4.13和图4.4所示。一级因子指标得分比较图和生态位综合指标折线图，分别如图4.5和图4.6所示。

表4.13　新能源汽车企业创业创新生态系统突变级数评价综合得分

	E1	E2	E3	E4	E5	E6	E7	E8
IP	0.7111	0.5889	0.7607	0.5720	0.8517	0.7278	0.9052	0.7129
IP-1	0.3388	0.3337	0.3024	0.1757	0.7154	0.3374	0.8536	0.2678
IP-2	0.5929	0.2161	0.9166	0.3807	0.6305	0.6695	0.6968	0.7495
IS	0.8347	0.8338	0.7692	0.8879	0.8362	0.8385	0.8452	0.7072

第 4 章 新能源汽车企业创业创新生态系统评价研究

续表

	E1	E2	E3	E4	E5	E6	E7	E8
IS-1	0.5594	0.5830	0.5809	0.8377	0.2891	0.5737	0.5737	0.2871
IS-2	0.6066	0.5926	0.4092	0.5696	0.7880	0.4778	0.7869	0.3333
IS-3	0.6602	0.6447	0.4824	0.8713	0.8488	0.9740	0.4467	0.6126
IE	0.7044	0.7223	0.7328	0.8473	0.8340	0.1988	0.7796	0.7062
IE-1	0.1016	0.1097	0.1022	0.7102	0.4250	0.0000	1.0000	0.1621
IE-2	0.8878	0.9330	0.9963	0.6439	0.8392	0.1581	0.3126	0.7519
综合	0.9003	0.8768	0.9045	0.8923	0.9402	0.8213	0.9455	0.8840

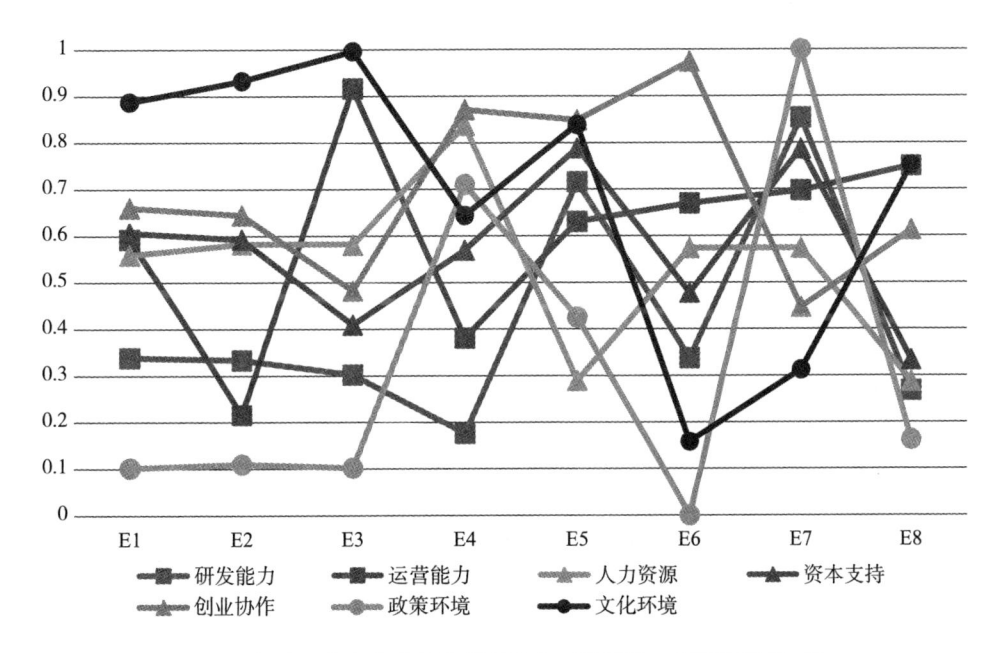

图4.4 新能源汽车企业创业创新生态系统评价二级指标数据对比

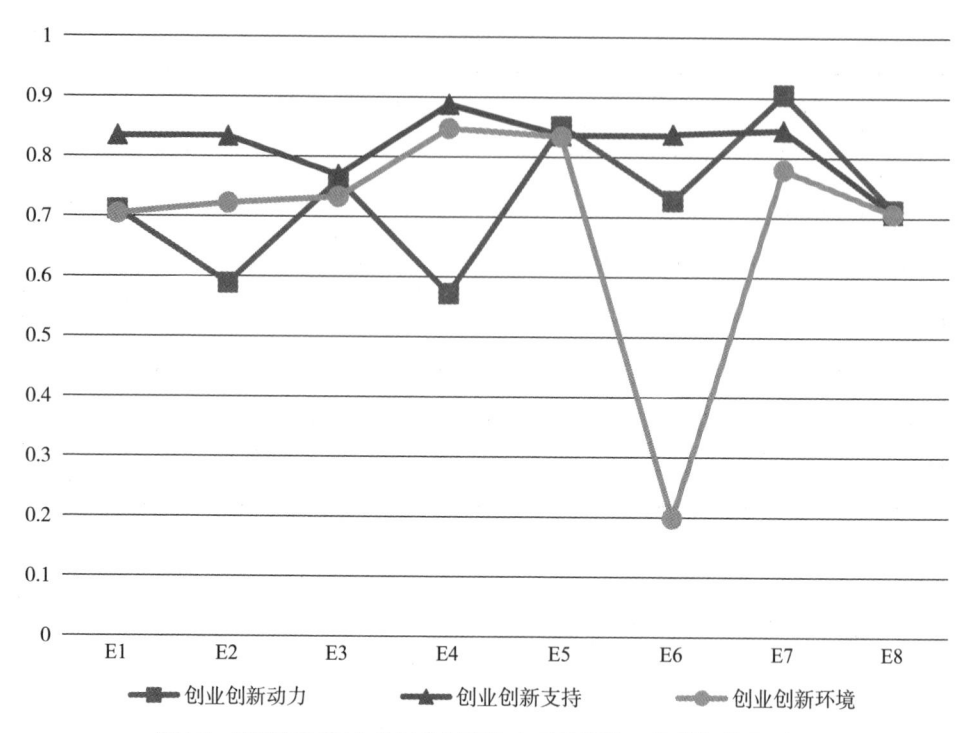

图4.5 新能源汽车企业创业创新生态系统评价一级指标数据对比

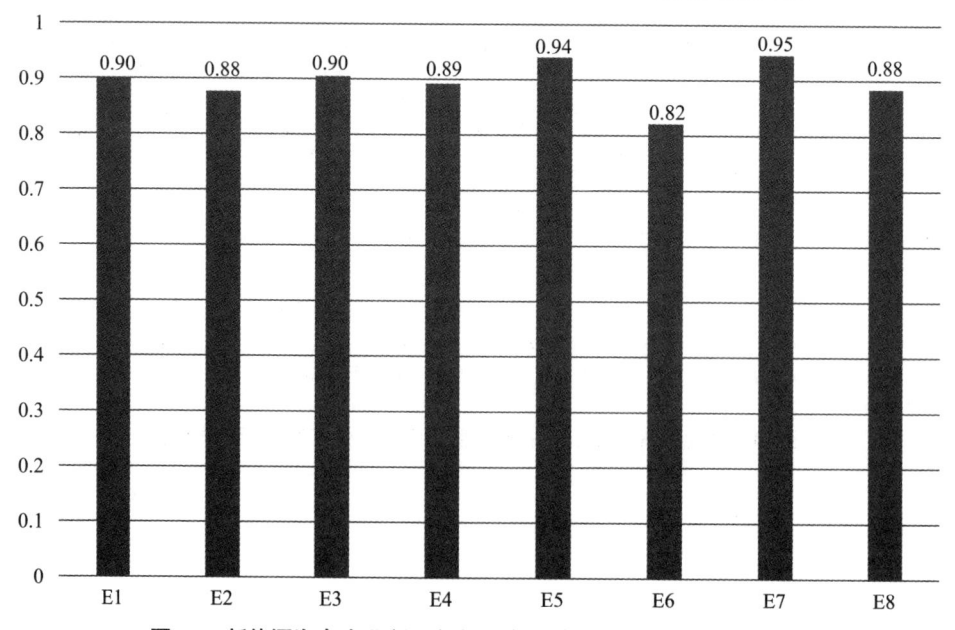

图4.6 新能源汽车企业创业创新生态系统评价综合指标数据对比

通过熵值法确定的权重中，新能源汽车企业创业创新生态系统评价体系一级指标IP（创业创新动力）权重最高，样本IP中各项二级指标得分对样本系统评价的综合指标得分影响较大。从表4.13、图4.4—4.6可以看出，各企业创业生态系统评价综合指标间得分差异较大，主要原因是各新能源汽车企业处于创新发展的不同阶段，所拥有的互补性资产水平不同，传统汽车在位企业与创新企业各自拥有的互补性资产状况具有很大差别，但是同一企业的一级指标得分基本一致。

其中E7（上汽集团）和E5（特斯拉）的创业创新生态系统评价综合指标得分分别排在第一和第二，且其各自的三个一级指标的得分均相对较高，表明其企业创业创新生态系统各方面较为均衡。而E6（吉利汽车）得分较低，其一级指标中IE（创业创新环境）得分最低，且与其他样本数据差距较大。可以得出，企业创业创新生态系统能级与各方面的互补性资产占有情况的综合水平相关，其中某一方面具有突出优势，并不能获得产业内发展的综合优势。

4.4.4 对比分析

下表4.14是各新能源汽车企业创业创新生态系统评价综合指标得分、销售收入（2021年）和新能源汽车产品销量（2021年）排名对比情况。

比较各企业排名及综合指标可以发现：

E7企业创业创新生态系统评价综合指标得分最高，为0.9455，其2021年新能源汽车销量和销售收入排名在样本企业中均为第一，且E7系统评价的三个一级指标得分均较高，可见，E7创业创新生态综合表现较好，目前其系统表现较好，未来发展的趋势较好。

E6企业创业创新生态系统评价综合指标得分最低，为0.8213，但E6的2021年销售收入在样本企业排名中处于中等，2021年新能源汽车产品销量排名最低。说明，目前新能源汽车企业大部分处于演化的成长期中，新能源汽车产品市场占有情况对企业创业创新生态系统的可持续发展能够产生一定的影响。

E4企业创业创新生态系统评价综合指标排名第5，但其2021年新能源汽车销量和销售收入排名在样本企业中均为第二,表现较好。从互补性资产的情况来看,说明E4在其他互补性资产方面的支持不足,如不能够同步进行配套和完善,有可能影响其后续创业创新生态系统能级的进一步提升。

E5和E3虽然在2021年新能源汽车销量和销售收入方面在样本企业中排名表现不佳,但通过本研究构建的企业创业创新生态系统评价指标反映,其系统总体表现较好,具有较高的发展趋势。

表4.14 新能源汽车企业生态位、销售收入和销量排名结果比较

按系统评价综合指标排名	按销售收入排名	按销量排名
E7	E7	E7
E5	E4	E4
E3	E8	E5
E1	E5	E8
E4	E6	E2
E8	E3	E3
E2	E1	E1
E6	E2	E6

4.5 本章小结

本研究从互补性资产视角切入,结合前文中初步构建的企业创业创新生态系统评价体系,选取8家典型新能源汽车企业作为研究对象,采用突变级数法,对新能源汽车企业在进行新能源汽车产品创新推广过程中的系统能级进行评价,从创业创新动力、创业创新支持和创业创新环境三个方面进行综合评价。

第 5 章　新能源汽车企业生态位评价研究

新科技革命和产业变革是最难掌控但必须面对的不确定性因素，抓住了就是机遇，抓不住就是挑战。"十四五"期间，如何营造创新生态、更好地服务科技企业，是相关政策制定者做好顶层设计和政策支持的关键。

本课题在对企业创新生态系统演化机制、企业创业创新生态系统和企业生态位评价体系等进行了深入研究，参考政府科技创新"十四五"规划及新动能引育计划的过程中，借鉴、采纳了关于"创新生态系统""生态位"的理念、阐述和结论，对科技企业培育的政策制定方面具有重要意义。

5.1　基本情况

本章选取8家新能源汽车企业的生产和经营数据进行对比分析，介绍新能源汽车企业生态位的基本情况。

5.1.1　企业生态位"态"能级基本情况

企业生态位"态"能级指标主要是包括企业创新发展和生态优化过程中所体现的生态位当前所处地位和状态的关键互补性资产，有市场份额、企业规模、人力资本三方面。从下图5.1可以看出，8家新能源汽车企业市场占有水平、净资产的情况。企业新能源汽车产品市场占有水平与净资产水平基本保持一致，其中E7在这两方面都表现较好。

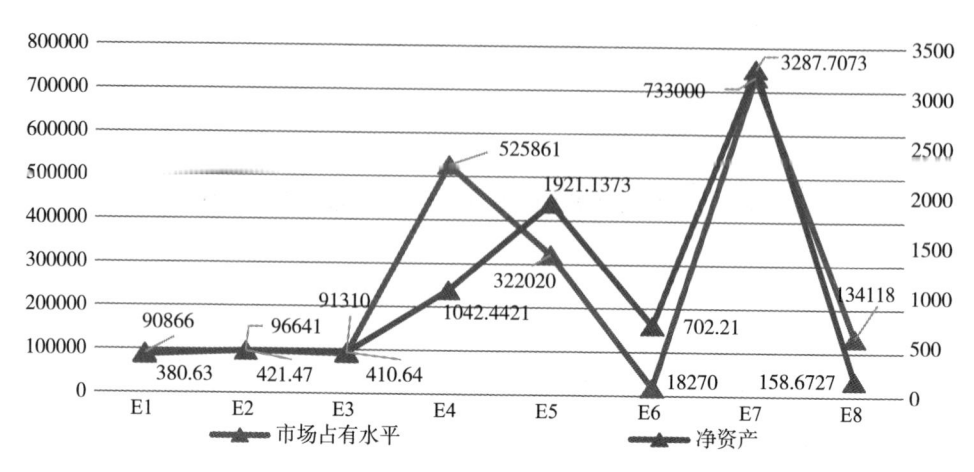

图5.1 新能源汽车企业"态"能级情况比较

5.1.2 企业生态位"势"潜力基本情况

企业生态位"势"潜力指标主要包括企业创新发展和生态优化过程中所体现的生态位未来发展动力和趋势的关键互补性资产，有经营能力、营销能力、研发能力、组织能力四个方面。从下图5.2可以看出，8家新能源汽车企业净利润增长率、净资产收益率、科研经费投入率的情况。其中，大部分企业净资产收益率呈增长态势，E1净资产收益率和净利润增长率均为负值。

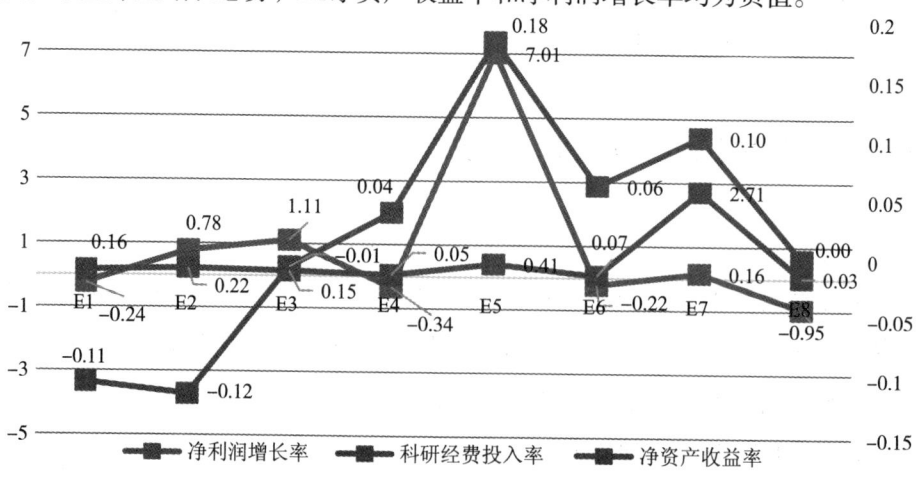

图5.2 新能源汽车企业"势"潜力情况比较

5.2 评价体系有效性检验

5.3.1 预设指标体系

基于3.2.2中对企业生态位评价体系的构建，可以看到本研究中新能源汽车企业生态位评价指标体系中一级二级指标下都有若干个指标，各级指标的子指标不超过4个，满足一般突变系统某状态变量的控制变量不大于4的基本条件，所有指标之间均为互补关系。本章选取8家新能源汽车企业，抽取各项指标数据，根据熵值法确定各项指标的重要程度，按照突变级数法计算出突变模型数据，最后对企业生态位的综合指标得分进行排列，并与企业净资产和销售收入水平进行对比。根据第3章中企业生态位评价指标体系的构建，预设指标体系及标号如表5.1所示。

表5.1 企业生态位评价指标体系构建

编码	一级指标	编码	二级指标	编码	三级指标
NS	"态"能级指标	NS-1	市场份额	Q1	市场占有水平
		NS-2	企业规模	Q2	销售收入
				Q3	利税总额
				Q4	净资产
		NS-3	人力资本	Q5	高质量人才比重
				Q6	员工总数
NP	"势"潜力指标	NP-1	经营能力	Q7	净利润增长率
				Q8	净资产收益率
		NP-2	营销能力	Q9	市场增长率
				Q10	营销投入增长率
		NP-3	研发能力	Q11	人均技术装备水平
				Q12	科研经费投入率
		NP-4	组织能力	Q13	组织扩张水平

5.3.2 指标数据有效性检验

本章构建的新能源汽车企业生态位预设评价指标体系如上表5.1所示，评价指标体系中包含"态"能级指标和"势"潜力指标两方面13个三级指标，对应的8家新能源汽车企业生态位评价指标的原始数据如附录B所示。下面将对8家新能源汽车企业对应指标数据进行检验，按照"态"能级指标（6个）和"势"潜力指标（7个）分类分别进行相关性分析及KMO检验，以验证数据的有效性。

（1）"态"能级指标数据有效性检验

通过下表5.2中所示的"态"能级指标涵盖的6个指标对应的Kendall和Spearman相关系数矩阵可知，这6个指标之间内部相关性不强，相关系数最高为0.810。

表5.2 "态"能级指标相关系数矩阵

		Q1	Q2	Q3	Q4	Q5	Q6
Kendall的tau-b	Q1	1					
	Q2	0.762*	1				
	Q3	0.524	0.810*	1			
	Q4	0.595	0.524	0.762*	1		
	Q5	−0.262	−0.452	−0.452	−0.119	1	
	Q6	0.167	0.238	0.429	0.619	−0.452	1
Spearman的rho	Q1	1					
	Q2	0.571	1				
	Q3	0.429	0.714*	1			
	Q4	0.429	0.429	0.571	1		
	Q5	−0.143	−0.286	−0.286	−0.143	1	
	Q6	0.071	0.214	0.214	0.5	−0.5	1

*表示$p<0.05$，**表示$p<0.01$

表5.3 "态"能级指标KMO检验

取样足够度的 Kaiser-Meyer-Olkin 度量		0.333
Bartlett 的球形度检验	近似卡方	40.716
	df	15
	Sig.	0

从上表5.3中可以得到KMO的值为0.333＜0.7（KMO值越接近1表示越适合做因子分析，越接近于0表示越不适合做因子分析），认为该"态"能级方面的6个指标不太适合做因子分析，说明该项指标数据结构的设计较合理。

（2）"势"潜力指标数据有效性检验

通过下表5.4中所示的"势"潜力指标涵盖的7个指标对应的Kendall和Spearman相关系数矩阵可知，这7个指标之间内部相关程度一般，相关系数最高为0.776。

表5.4 "势"潜力指标相关系数矩阵

		Q7	Q8	Q9	Q10	Q11	Q12	Q13
Kendall的 tau_b	Q7	1						
	Q8	0.19	1					
	Q9	0.024	−0.238	1				
	Q10	0.643	−0.524	0.095	1			
	Q11	−0.024	0.524	−0.571	−0.595	1		
	Q12	0.714*	0.238	−0.286	0.286	0.333	1	
	Q13	0.548	−0.571	0.048	0.776*	−0.619	0.19	1
Spearman的 rho	Q7	1						
	Q8	0.214	1					
	Q9	0.071	−0.143	1				
	Q10	0.5	−0.286	0	1			
	Q11	0	0.357	−0.357	−0.5	1		
	Q12	0.571	0.071	−0.214	0.214	0.286	1	
	Q13	0.429	−0.357	−0.071	0.729*	−0.571	0.143	1

*表示$p<0.05$，**表示$p<0.01$

表5.5 "势"潜力指标KMO检验

取样足够的 Kaiser-Meyer-Olkin 度量		0.525
Bartlett 的球形度检验	近似卡方	24.457
	df	21
	Sig.	0.046

从上表5.5中可以得到KMO的值为0.525<0.7（KMO值越接近1表示越适合做因子分析，越接近于0表示越不适合做因子分析），认为该"势"潜力方面的6个指标不太适合做因子分析，说明该项指标数据结构的设计较合理。

5.3 评价结果分析

5.3.1 评价模型设计

（1）数据预处理

本文使用2021年上市公司年报、企业公开资料等数据进行整理和计算，基本上能够准确地对企业的生态状况进行反映和描述。数据来源为各企业的年度报告、年度审计报告、年度社会责任报告、新闻报道等。将评价指标体系中各指标的原始数据进行标准化处理，由于各指标均为正向指标（越大越好），以样本中各项指标原始数据中的最大值与最小值的差值为基准，将其最大值取为1.0000，最小值取为0.0000。采用上述准则后得到各评价指标标准数据，见下表5.6。

表5.6 企业生态位评价指标标准数据

	E1	E2	E3	E4	E5	E6	E7	E8
Q1	0.1016	0.1097	0.1022	0.7102	0.4250	0.0000	1.0000	0.1621
Q2	0.0047	0.0000	0.0146	0.3152	0.0573	0.0254	1.0000	0.0755
Q3	0.0186	0.0000	0.1010	0.2016	0.9953	0.2048	1.0000	0.1084
Q4	0.0709	0.0840	0.0805	0.2824	0.5633	0.1737	1.0000	0.0000

续表

	E1	E2	E3	E4	E5	E6	E7	E8
Q5	0.7893	0.9496	1.0000	0.3080	0.0000	0.4638	0.8688	0.1893
Q6	0.0379	0.0335	0.0262	1.0000	0.3342	0.1394	0.0373	0.0000
Q7	0.0887	0.2172	0.2589	0.0764	1.0000	0.0916	0.1396	0.0000
Q8	0.0332	0.0000	0.3606	0.5144	1.0000	0.5945	0.7326	0.3894
Q9	0.0000	0.6988	0.3075	1.0000	0.1115	0.0029	0.0941	0.2891
Q10	0.3668	0.4500	1.0000	0.0834	0.1860	0.0984	0.0684	0.0000
Q11	0.0561	0.0361	0.0341	0.0000	0.3527	0.0982	1.0000	0.4168
Q12	0.0463	0.0715	0.0456	0.0065	0.1411	0.0123	1.0000	0.0000
Q13	0.3997	0.7292	1.0000	0.1785	0.2886	0.3159	0.0662	0.0000

（2）确定指标权重

本研究的系统评价模型力求可实现、可操作，在对评价指标进行选择的过程中重点考虑可量化和具有代表性的指标。模型中各级指标的权重系数实质上反映了各因子的重要程度。用突变级数法进行评价时指标的权重数值仅用于对其按照重要程度排序，同时根据权重的可传递性，各上级指标权重可由下级指标累加获得其重要程度的对比数值。

根据第四章4.2.2中介绍的熵值法计算得到各项子指标的权重，并根据权重由大到小排列各二级指标下的各项指标顺序，如下表5.7所示。

表5.7 新能源汽车企业生态位评价指标权重

一级指标	权重	二级指标	权重	三级指标	权重
NS	0.4672	NS-1	0.0638	Q1	0.0621
		NS-2	0.2570	Q2	0.1269
				Q3	0.0812
				Q4	0.0691
		NS-3	0.1463	Q5	0.0321
				Q6	0.1103

续表

一级指标	权重	二级指标	权重	三级指标	权重
NP	0.5328	NP-1	0.1155	Q7	0.0733
				Q8	0.039
		NP-2	0.1394	Q9	0.0707
				Q10	0.0649
		NP-3	0.2294	Q11	0.0859
				Q12	0.1373
		NP-4	0.0485	Q13	0.0472

按照权重由大到小排列各指标的先后一级指标的排列顺序为：NP（"势"潜力指标）、NS（"态"能级指标）。对应的二级指标排序分别为：NP-3（研发能力）、NP-2（营销能力）、NP-1（经营能力）、NP-4（组织能力）；NS-2（企业规模）、NS-3（人力资本）；NS-1（市场份额）。对应的三级指标排序为：Q12，Q11，Q9，Q10，Q7，Q8，Q13，Q2，Q3、Q4，Q6、Q5，Q1。由熵值法确定出的权重（重要性），是基于信息多少所反映出的不确定性的大小。通过熵值法确定指标权重，进而根据变量重要性重新排列各子系统中的指标顺序，最终从一级指标逐级按各级指标的权重由大到小调整排列顺序后得如表5.8所示。

表5.8 新能源汽车企业生态位评价体系（按权重排序）

一级指标	权重	二级指标	权重	三级指标	权重
NP	0.5328	NP-3	0.2294	Q12	0.1373
				Q11	0.0859
		NP-2	0.1394	Q9	0.0707
				Q10	0.0649
		NP-1	0.1155	Q7	0.0733
				Q8	0.0390
		NP-4	0.0485	Q13	0.0472

续表

一级指标	权重	二级指标	权重	三级指标	权重
NS	0.4672	NS-2	0.2570	Q2	0.1269
				Q3	0.0812
				Q4	0.0691
		NS-3	0.1463	Q6	0.1103
				Q5	0.0321
		NS-1	0.0638	Q1	0.0621

从表5.8中可以看出：NP（"势"潜力指标）的7个三级指标中，Q12（科研经费投入率）权重最高，说明企业的科研经费投入对企业创新发展及企业生态位能级提升具有重要影响，是"势"潜力指标中的关键互补性资产。

NS（"态"能级指标）的6个三级指标中，Q6（员工总数）和Q2（销售收入）均较为重要，说明新能源汽车企业在创新扩散和商业化过程中，企业的人力资本及盈利情况是企业生态位"态"能级指标提升的关键互补性资产。

5.3.2　突变类型确定

本章中构建的新能源汽车企业生态位评价体系中各指标子系统的状态变量均为一个，控制变量均不超过四个。根据各突变类型的特征，指标分解为两个子指标时，系统可看作是尖点突变系统；指标分解为三个子指标时，系统是燕尾突变系统；指标分解为四个子指标时，系统为蝴蝶突变系统。因此，各子系统的突变类型确定如下。

（1）二级指标子系统

NS-1（市场份额）下只分解出一个三级指标，因此可以直接传递。

NS-2（企业规模）下分解出三个三级指标，属于燕尾突变系统，控制变量根据权重由高到低顺序依次为：Q2、Q3、Q4；

NS-3（人力资本）下分解出二个三级指标，属于尖点突变系统，控制变量根据权重由高到低顺序依次为：Q6、Q5；

NP-1（经营能力）下分解出二个三级指标，属于尖点突变系统，控制变量根据权重由高到低顺序依次为：Q7、Q8；

NP-2（营销能力）下分解出二个三级指标，属于尖点突变系统，控制变量根据权重由高到低顺序依次为：Q9、Q10；

NP-3（研发能力）下分解出二个三级指标，属于尖点突变系统，控制变量根据权重由高到低顺序依次为：Q12、Q11；

NP-4（组织能力）下只分解出一个三级指标Q13，因此可以直接传递。

（2）一级指标子系统

NP（"势"潜力指标）下分解出四个二级指标，属于蝴蝶突变系统，控制变量根据权重由高到低顺序依次为：NP-3、NP-2、NP-1、NP-4；

NS（"态"能级指标）下分解出三个二级指标，属于燕尾突变系统，控制变量根据权重由高到低顺序依次为：NS-2、NS-3、NS-1。

（3）综合指标系统

新能源汽车企业生态位评价综合指标分解为NP（"势"潜力指标）、NS（"态"能级指标）二个一级指标，其系统为尖点突变且互补，控制变量按照权重依次排序为：NP（"势"潜力指标）、NS（"态"能级指标）。

5.3.3 评价结果

根据前文构建的突变级数评价模型和归一化处理方式，得出一级指标和二级指标的综合得分，如表5.9和图5.3所示。一级因子指标得分比较图和生态位综合指标折线图，分别如图5.4和图5.5所示。

表5.9 新能源汽车企业生态位突变级数评价综合得分

	E1	E2	E3	E4	E5	E6	E7	E8
NS	0.6403	0.6115	0.6702	0.8839	0.7687	0.5042	0.9436	0.5982
NS-1	0.1016	0.1097	0.1022	0.7102	0.4250	0.0000	1.0000	0.1621
NS-2	0.2833	0.1795	0.3731	0.6256	0.7013	0.4648	1.0000	0.2505

续表

	E1	E2	E3	E4	E5	E6	E7	E8
NS-3	0.5594	0.5830	0.5809	0.8377	0.2891	0.5737	0.5737	0.2871
NP	0.7088	0.7773	0.8305	0.6654	0.8208	0.7088	0.7961	0.5085
NP-1	0.3096	0.2330	0.6103	0.5388	1.0000	0.5718	0.6376	0.3651
NP-2	0.3579	0.8011	0.7773	0.7185	0.4524	0.2578	0.3579	0.2688
NP-3	0.2990	0.2989	0.2689	0.0403	0.5411	0.2861	1.0000	0.3735
NP-4	0.3997	0.7292	1.0000	0.1785	0.2886	0.3159	0.0662	0.0000
综合	0.8514	0.8652	0.8925	0.8856	0.9201	0.8237	0.9304	0.7809

通过熵值法确定的权重中，新能源汽车企业生态位评价体系一级指标NP（"势"潜力指标）权重最高，样本NP中各项二级指标得分对样本系统评价的综合指标得分影响较大，说明在目前大多数新能源汽车企业特别是新能源汽车创新企业都处于演化发展的成长期，"势"潜力的提升对企业创新发展相对重要。

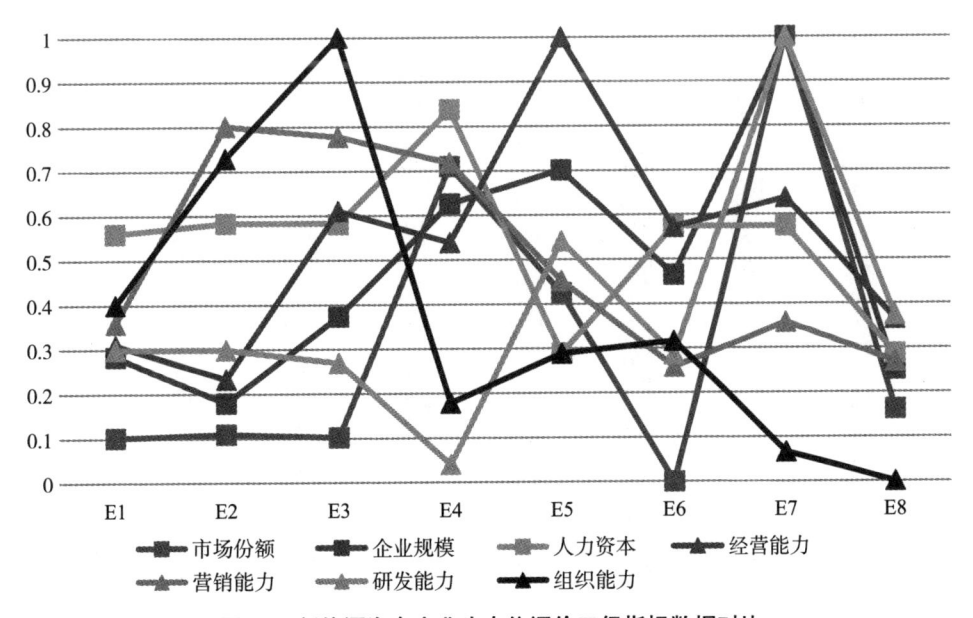

图5.3 新能源汽车企业生态位评价二级指标数据对比

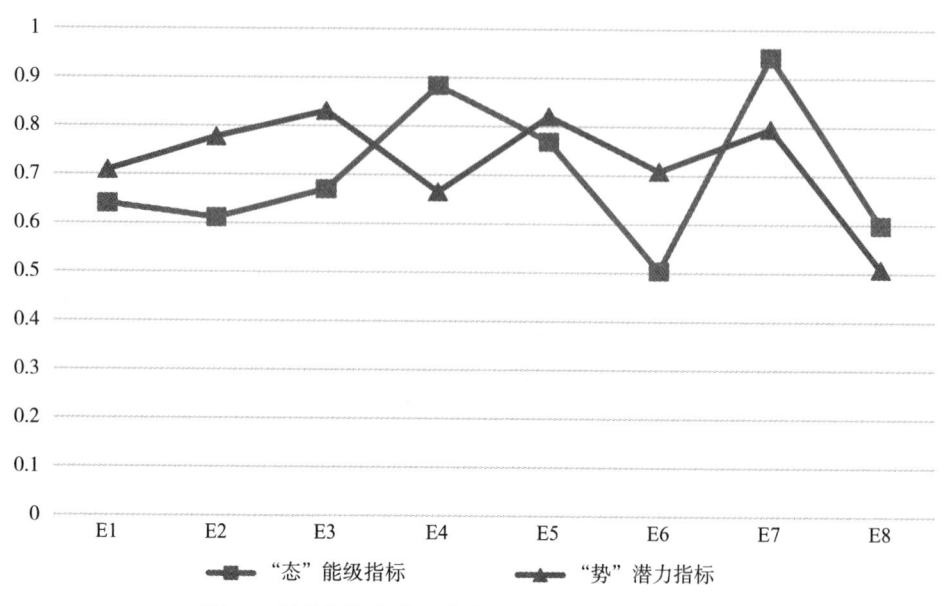

图5.4 新能源汽车企业生态位评价一级指标数据对比

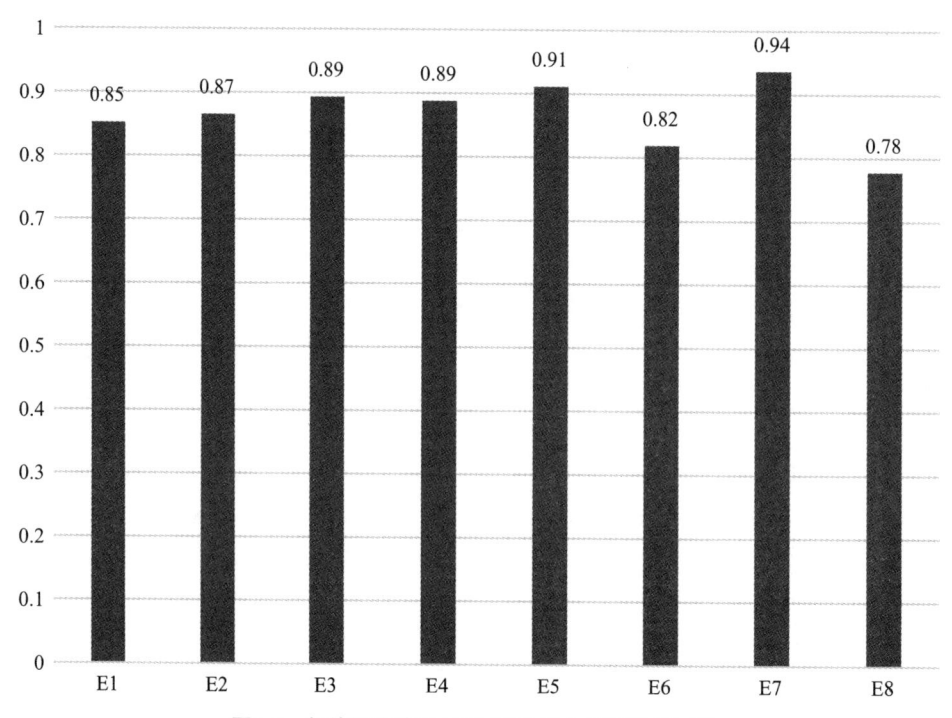

图5.5 新能源汽车生态位评价综合指标数据对比

从图5.4—5.5可以看出，各企业生态位的"态"能级指标和"势"潜力指标的高低不一，说明不同的新能源汽车企业所拥有的互补性资产不同、所处的生态位不同。其中，E4（比亚迪）和E7（上汽集团）的态势指标水平相似，都是"态"能级指标较高，"势"潜力指标较低。但两者的现实情况却有较大区别。例如，对E7（上汽集团）而言，其"态"能级水平较高，得益于其在传统燃油汽车上的互补性资产优势，能够为其新能源汽车产品的创新扩散提供支撑。而E4（比亚迪）的"态"能级水平较高，则是其在新能源汽车方面发展较早，与其他新能源汽车创新企业相比，其演化阶段已率先从"成长期"向"成熟期"发展。

5.3.4 对比分析

表5.10中是各企业生态位综合指标得分、销售收入（2021年）和新能源汽车产品销量（2021年）排名对比情况。

表5.10 新能源汽车企业生态位、销售收入和销量排名结果比较

按生态位综合指标排名	按销售收入排名	按销量排名
E7	E7	E7
E5	E4	E4
E3	E8	E5
E4	E5	E8
E2	E6	E2
E1	E3	E3
E6	E1	E1
E8	E2	E6

比较各企业排名及综合指标可以发现：

E7生态位综合指标得分最高，为0.9304，其2021年新能源汽车销量和销售收入排名在样本企业中均为第一，且E7生态位的两个一级指标得分均较高，可见，E7生态位综合表现较好，未来发展的趋势较好。

E8生态位综合指标得分最低，为0.7809，但E8的2021年新能源汽车产品销量和2021年销售收入在样本企业中排名较高，说明在2021年E8表现优异，未来其生态位"势"潜力水平将进一步得到加强，"态"能级水平有望得到持续提升。

综上说明，企业生态位"态"能级方面和"势"潜力方面的互补性资产占用情况、竞争能力和发展能力与其新能源产品销量和总体销售收入能够保持基本一致，同时，生态位综合指标能够对企业能级进行更全面的判断和排序。

5.4　本章小结

本章结合前文初步构建的企业生态位评价体系，选取8家典型新能源汽车企业作为研究对象，对其企业生态位"态"能级和"势"潜力的基本情况进行分析，并通过对预设指标体系进行有效性检验，确定企业生态位评价模型，通过突变级数法对新能源汽车企业生态位能级进行评价研究。

第 6 章　新能源汽车企业创新生态系统路径优化研究

本章结合前文对新能源汽车企业创业创新生态系统和企业生态位的评价结果，选取上汽集团作为传统燃油汽车龙头企业转型新能源汽车产品的典型代表，选取蔚来汽车作为新能源汽车创业企业代表，总结传统企业创新发展路径、创业企业强势颠覆趋势，并进行对比研究。分别从传统在位企业和创业企业两种不同类型的企业层面，提出其创新生态系统路径优化的对策建议。

6.1　传统企业创新发展

作为中国互联网汽车的先驱，上汽集团对新能源汽车方面的探索和创新，为很多企业提供了借鉴经验。近年来，上汽集团紧跟科技进步大方向，市场演变大格局、行业变革大趋势，率先提出并实施了"电动化、智能网联化、共享化、国际化"的"新四化"发展战略，全力推动创新转型，积极打造差异化竞争优势，成为"为消费者提供全方位出行服务和汽车产品的综合供应商"。

（1）基本情况[①]

上海汽车集团股份有限公司（简称"上汽集团"）作为国内规模领先的汽车上市公司。新能源汽车产品推广方面，近年来上汽集团陆续推出了"荣威RX"系列和"名爵"系列等多款互联网汽车，以及全球首款量产新能源汽车——荣威MARVEL X，全面布局新能源汽车产业的创新发展路径，为中国

---

① 资料来源：2021年上汽集团年报

新能源汽车产品创新升级打通道路。

2021年面对缺芯、疫情、限电以及原材料价格大幅上涨等多重严峻挑战，上汽集团全力以赴保供应、稳增长、调结构、增效益，实现了"十四五"平稳开局。2021年上汽集团整车批售546.4万辆，终端零售达到581.1万辆，同比增长5.5%，整车销量连续16年保持全国第一。自主品牌整车销量达到285.7万辆，同比增长10%，占公司总销量的比重首次突破50%，达到52.3%；新能源汽车销售73.3万辆，同比增长128.9%，排名国内第一、全球前三；海外销量达到69.7万辆，同比增长78.9%，整车出口连续6年保持国内行业第一。2021年上汽集团投资设立飞凡汽车，注册资本70亿元，其中上汽集团出资66.5亿元，占股比为95%。上汽乘用车R品牌独立由飞凡汽车进行市场化运作，探索数据驱动和产业共创的新模式，有助于加快开拓中高端智能电动车市场。

（2）创业创新动力

面对全球性的芯片供应短缺挑战，公司加强风险预警和应急响应，协调合资外方全球找货，并直联芯片企业抢抓货源，加快拓展本土供应链资源，推进国产化替代。

在数字化制造方面，上汽集团持续推进标杆工厂建设，乘用车分公司入选国家第五批"智能制造标杆企业"；技术中心运用数字孪生技术搭建数字化研发平台，被评为国务院国资委"国有企业数字化转型100个典型案例"，并入选第五批国家级工业设计中心。

在数字化服务方面，享道出行网约车业务已全面覆盖长三角"一核五圈"六大都市群，平台合规率在90%以上；申程出行"一键叫车智慧屏"已覆盖上海40余个社区、医院等公共场所。

在数字化生态方面，公司举办全球首个汽车SOA开发者大会，携手百度、阿里、腾讯、华为、OPPO等数十家生态伙伴，开展智能网联、网络及数据安全、5G赋能、汽车芯片等领域合作，共创智能汽车数字生态，共赢未来发展。

2021年，上汽集团在重大标志性项目、智能网联核心能力方面取得新进展。其旗下智己汽车L7首批体验版产品正式下线，新一代三电系统以及智能车电子架构、面向服务的SOA软件平台等全栈方案实现应用落地。飞凡汽车加快推进首款纯电动B级SUV产品R7项目开发，并通过软硬结合、高低选配、数据驱动，探索实现产品的自定义、自学习、自成长。

（3）创业创新支持

上汽集团在高速转型发展过程中，始终坚持以提高核心竞争能力和国际经营能力为目标，以造车育人为宗旨，全面推进人本管理，努力打造适应发展需要的高水平人才队伍。在人才培养和建设方面，通过成立基金会支持高等教育事业发展、校企合作培养高级专业技术人才和高技能人才、参与本科教育试点培养工程技术应用人才等方式，为企业和社会培养了新能源汽车乃至智能汽车领域诸多相关技术人才。

在内部人才激励方面。根据上汽2017年1月份的公告显示，上汽集团在2017年非公开募集资金150亿元，发行股票数量为6.58亿股，每股发行价格为22.80元。大股东和核心员工持股计划认购1.8亿股。发展到现如今的汽车行业，互联网造车和新能源汽车已成为发展前景，上汽作为龙头企业，陆续与奥迪、阿里巴巴开展互联网造车合作，那么上汽的科技人才必将是行业炙手可热的，此时推出定增员工股计划必要且及时。激励员工合计2321名，公司核心员工在此次公开募集中合计出资约11亿元[59]。

（4）创业创新环境

围绕"碳达峰、碳中和"国家战略，上汽集团发布了寓意"蓝色星球，旭日东升"的新司标、"引领绿色科技，逐梦精彩出行"的新愿景使命，以及"用户为本、伙伴共进、创新致远"的价值观，致力向技术升级化、业务全球化、品牌高档化、体验极致化的用户型高科技公司转型。

积极对接地方政府，探索新能源汽车产品的社会化应用进程。Robotaxi项目首批60台自动驾驶出租车先后在上海、苏州两地启动示范应用，为公司L4级自动驾驶技术在乘用车场景下尽快量产落地提供助力。

6.2 创业企业强势颠覆

以蔚来汽车为例，新能源汽车创新企业介入汽车行业可谓来势汹汹，让传统汽车在位企业甚至龙头企业倍感压力，汽车产品的"电动化+智能化+网联化"可谓是对传统汽车产品的"颠覆"，为汽车行业的发展带来突破性创新变革，引领一众新能源创新企业甚至互联网企业试图复制在传统零售业的成功，通过商业模式上的创新，一举颠覆传统汽车产业。

（1）基本情况

国内新能源汽车市场在政策扶持、市场引导、营销多元化、用户接受度提升等因素的共同影响下，年度销量和渗透率不断增长。蔚来汽车作为新能源创新企业典型代表，成立于2014年，创立之初即获得了百度资本、联想集团、淡马锡、愉悦资本、华平、红杉、厚朴等数十家知名机构投资。蔚来汽车公司于2018年登录纽交所，成为我国第一个赴美上市的新能源新势力车企。创立8年来，已发布数款新能源汽车产品，2021年销量达到90 866辆，位居纯电市场排名第八名，蔚来汽车自创立以来发展历程展示如下图6.1所示。

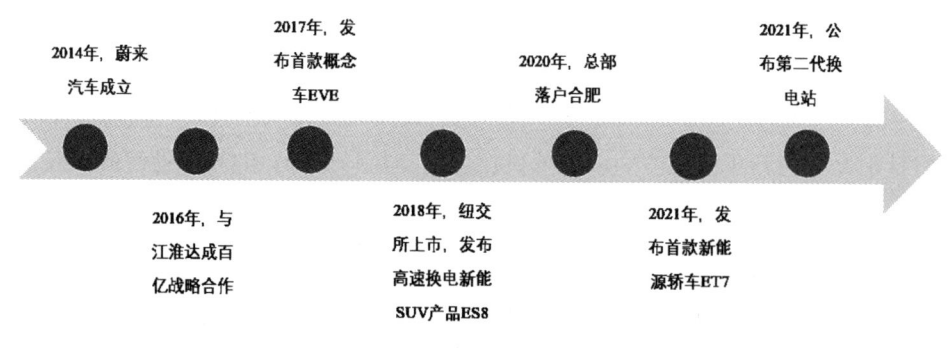

图6.1 蔚来汽车发展历程

（2）创新技术发展

蔚来汽车作为一家互联网创新企业，不仅仅是一个汽车品牌。蔚来汽车通过提供高性能的智能电动汽车与极致用户体验，致力于为用户创造愉悦的生活方式，打造全球范围内的"用户品牌"。电动、智能、网联是未来汽车的发展方向，汽车企业认可并引领这样的技术趋势。同时，创新企业不仅仅基于产品和技术的改变，而是更注重于如何创造用户需求，实现汽车产品的定制化服务的目标。在创业初期，蔚来汽车不仅有自己的内部研发团队，还联合外部三支研发团队，共同进行电动机的研发。

自2015年9月申请第一项专利起，至2021年8月，蔚来汽车共拥有4269项专利申请，其中2370项有效授权专利，包括364项发明专利。关于"智能驾驶"相关的有效授权专利71项，占比约3%，其中发明专利31项；ADAS（高级驾驶辅助，Advanced Driving Assistance System）相关有效授权发明专利9项，在智能驾驶相关专利中占比为2.47%，其中与泊车辅助相关的专利有6项。蔚来汽车在线升级项目发展序列展示如下表6.1所示。

表6.1 蔚来汽车在线升级项目发展序列

时间	在线升级项目
2019年1月	系统基础优化、QQ音乐无损音质、界面/功能优化、新增动力电池预热系统、开放自动紧急制动功能、NOMI性能优化
2019年3月	新增百度地图、NOMI Halo升级
2019年3月	增加蓝牙RTI实信息的选项；优化门把手设计；优化车辆防盗模式的工作逻辑；优化了转向灯工作逻辑
2019年4月	新增ACC自适应巡航
2019年5月	新增前排轻松进出功能、新增多账户切换、新增行车记录功能、充电逻辑优化
2019年6月	开放NIO Pilot主要功能、启用全新用户界面
2019年7月	开放全自动泊车系统S-APA、ACC/Pilot功能整合能量回收
2019年8月	开放自动后雨刮功能、优化满电状态下车辆动能回收状态
2019年10月	辅助驾驶模拟显示系统优化、换挡提示音优化、节能模式优化、行车记录仪视频扩容、窄道自动激活、充电上限设置优化
2019年12月	新增主驾驶座椅记忆功能、新增雪地模式、日行灯支持手动关闭
2020年2月	增强版自动紧急制动功能，增加了行人识别和自行车识别功能；增加超车辅助功能、远程对座椅/方向盘的加热功能等
2020年4月	新增悬架轻松进入、底盘悬架行驶质感提升、新增NFC卡片钥匙支持、NOMI体验升级以及其他功能的体验优化与问题修复

由此可见，蔚来汽车在电动汽车核心技术领域投入了大量研发资金，其中在美国、英国、伦敦也设有研发、设计及商务机构，在多个关键技术领域已有一定的专利储备，具备完整的研发体系，研发和创新能力都不容小觑，其未来发展值得关注。

（3）资本获取

从成立之初，蔚来汽车就持续受到资本市场的青睐，融资能力出色。自成立以来已进行十几轮融资，如下表6.2所示。近两年来累积融资已超200亿人民币，融资规模在新能源创新企业中独占鳌头。

表6.2 蔚来汽车融资历程[①]

	时间	投资方	金额
1	2015年6月	腾讯、京东、高瓴资本、顺为资本、汽车之家创始人李想以及蔚来汽车CEO李斌等	亿元及以上人民币
2	2015年9月	红杉资本和愉悦资本	约6亿美元
3	2016年6月	淡马锡、新桥资本、厚朴基金、联想创投、IDG资本	约1亿美元
4	2017年6月	腾讯投资、百度等	约6亿美元
5	2017年11月	腾讯投资、中信资本、华夏基金等	10亿美元
6	2018年9月	公开发行	10.02亿美元
7	2018年10月	Baillie Gifford	不详
8	2019年1月	腾讯投资、高瓴资本	6.5亿美元
9	2020年2月	未披露	1亿美元
10	2020年2月	两家亚洲投资基金	1亿美元
11	2020年2月	安徽合肥市重大产业项目某资方	145亿人民币
12	2020年3月	数家亚洲投资基金	2.35亿美元
13	2020年4月	合肥市建设投资控股（集团）有限公司、国投招商投资管理有限公司等	70亿人民币
14	2020年7月	中国建设银行安徽分行等6加银行	104亿人民币

---

① 数据来源：新芽NewSeed https://www.newseed.cn/invest/35675

蔚来汽车造车资金的一步步到位，一方面体现了投资方对新能源汽车以及蔚来汽车在新能源汽车领域的发展前景表示认可；另一方面，也加快推动了蔚来汽车的发展速度。金融支持能够有效地推动创新产品的商业化进程，从而在激烈的市场竞争中获得有效的互补性支持。

（4）创新环境

蔚来汽车在新能源汽车产品"智能化"方面也是走在国内其他企业前面的。2018年3月1日，国内首批智能网联汽车开放道路测试号牌在上海发放。上海市经信委根据上海市道路交通实际情况和第三方机构对相关道路的评估，在嘉定区划定了安全性高、风险等级低的5.6公里道路，作为上海市第一阶段智能网联汽车开放测试道路。

根据第三方机构测试试验和专家组评审，上海市智能网联汽车道路测试推进工作小组审核通过，上海汽车集团股份有限公司和上海蔚来汽车有限公司获得第一批智能网联汽车开放道路测试号牌，获得智能网联汽车道路测试的资格。截至2020年底，上海累计开放243条、559.87公里测试道路，向22家企业、152辆车颁发道路测试或示范应用资质。上海市从2018年开放智能网联汽车测试道路，经历了"从无到有"的探索期，2019年不断完善和持续推广，发展到"从点到域"的完善期，进而在2021年达到"从量到优"的探索期。2018年，遵循"点线结合、闭环管理"的指导原则，在嘉定和临港率先开放了Ⅰ类道路环境37.2公里；2019年，依据"分类分片、精细管理"的指导原则，在嘉定、临港、奉贤开放了Ⅰ类和Ⅱ类道路环境89.37公里；2020年，根据"着眼全域、分片开放、聚焦应用、分类测试、负面清单、动态管理"的指导原则，在嘉定、临港、奉贤、金桥4个测试区开放433.3公里道路。

自动驾驶是提升道路交通智能化水平、推动交通运输行业转型升级的重要途径。自动驾驶汽车要告别实验室，实现规模化商业生产、销售，道路测试是必不可少的关键环节，对自动驾驶技术的发展意义重大。此前，蔚来在美国获批道路测试，但基于国内外交通规则、交通人流和车流存在差异，因此，在上海进行自动驾驶道路测试意义非凡，也标志着我国新能源汽车产品向市场化推广迈进了一大步。蔚来汽车也表示，未来将在国内其他开放发放测试号牌的城市积极申请,为布局国内市场打下坚实基础。

6.3 对比分析

通过对上汽集团和蔚来汽车的创业创新生态系统对比,可以看出,作为传统汽车在位企业代表和新能源创新企业代表,两者各具优势。从互补性资产的视角可以看出,上汽集团作为在位企业,在新能源汽车产品这一突破性创新商业化过程中,其本身具有的互补性资产,例如,在传统汽车产品相关的专业化制造能力、分销渠道、服务网络和互补性技术等方面,为其创新生态系统优化提供了有力保障。蔚来汽车作为创新企业,以新能源汽车这一创新产品强势进入汽车领域,并迅速通过合同、战略合作等方式获取新能源汽车产品商业化过程中需要的通用互补性资产,与传统汽车企业合作分担制造压力,并积极引资造势,为其产品扩散配备所需要的互补性资产。

(1)组织结构对比

作为国有企业,上汽集团控股方为上海汽车工业(集团)总公司,其股权结构决定了国有资产在企业经营决策过程中的影响力较大,从上汽集团披露的2021年公司年报中可以看出公司与实际控制人之间的产权及控制关系如下图6.2所示。

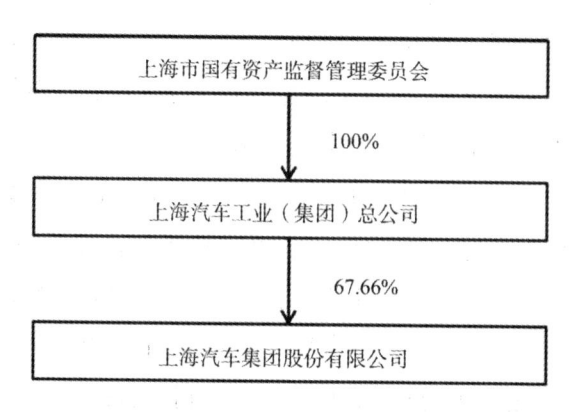

```
┌─────────────────────────────┐
│   上海市国有资产监督管理委员会   │
└─────────────────────────────┘
              │ 100%
              ▼
┌─────────────────────────────┐
│    上海汽车工业(集团)总公司    │
└─────────────────────────────┘
              │ 67.66%
              ▼
┌─────────────────────────────┐
│    上海汽车集团股份有限公司     │
└─────────────────────────────┘
```

图6.2 上汽集团实际控制人的产权及控制关系示意图(2021年)

蔚来汽车作为创新企业，通过其发布的2021年公司年报中可以看出，截至2021年12月31日，蔚来汽车创始人李斌持股为10.5%，有44.5%的投票权；腾讯持股为9.8%，有5.6%的投票权；Baillie Gifford & Co持股为5.3%，有3.3%的投票权。

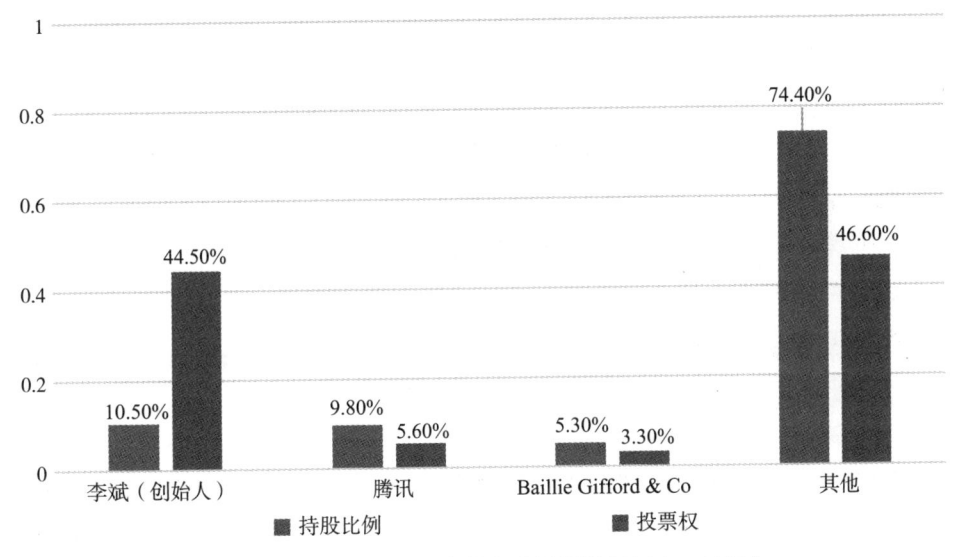

图6.3　蔚来汽车部分股东持股比例及投票权（2021年）

从上图6.3中可以看出，李斌作为蔚来汽车创始人，其持股比例不高，但在企业战略决策和路径选择上具有较大的话语权。这种情况在创业企业中比较常见，创始人在融资过程中通过多种方式保证获得创新产品商业化所必需的资本资源，同时有能够有效避免公司决策权落入旁人之手，避免企业在创新发展过程中偏离方向。

（2）企业创业创新生态系统评价对比

通过对新能源汽车企业创业创新生态系统评价结果的分析，可以得出传统燃油汽车在位企业典型代表——上汽集团和新能源汽车创新企业代表——蔚来汽车在新能源汽车产品创新发展过程中所占有的互补性资产情况有较大差别，如下图6.4所示。

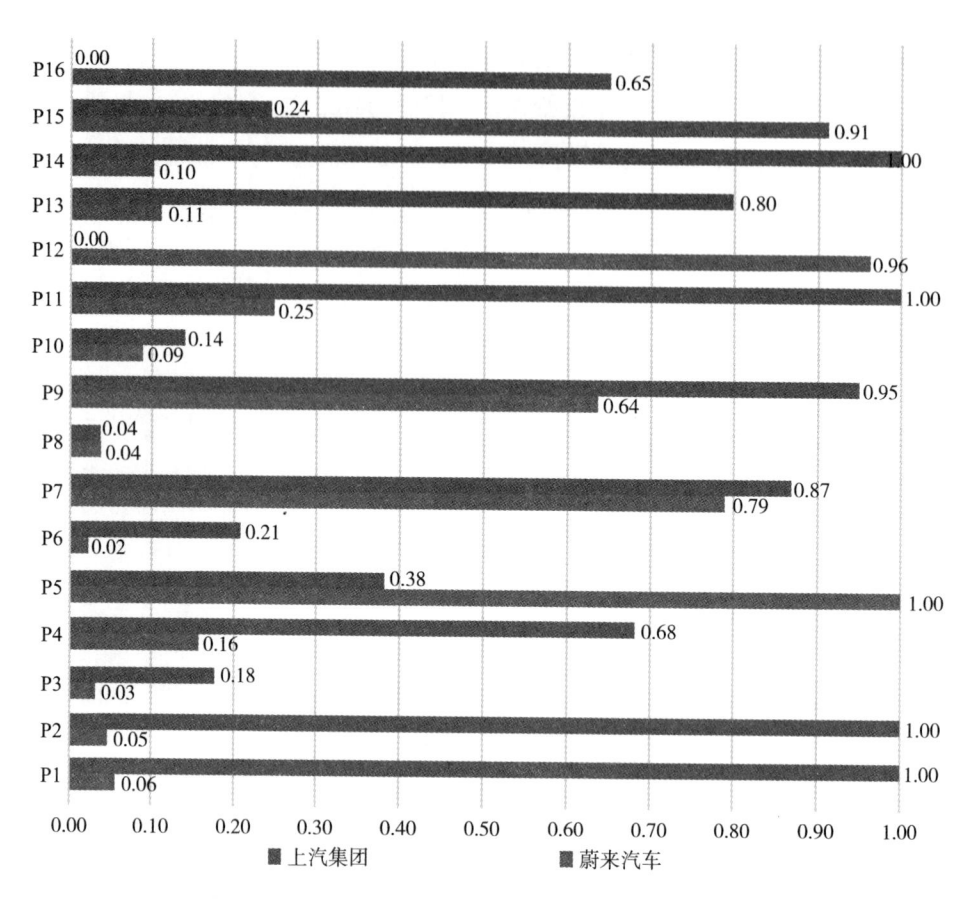

指标	上汽集团	蔚来汽车
P1	1.00	0.06
P2	1.00	0.05
P3	0.18	0.03
P4	0.68	0.16
P5	1.00	0.38
P6	0.21	0.02
P7	0.87	0.79
P8	0.04	0.04
P9	0.95	0.64
P10	0.14	0.09
P11	1.00	0.25
P12	0.96	0.00
P13	0.80	0.11
P14	1.00	0.10
P15	0.91	0.24
P16	0.65	0.00

图6.4 上汽集团和蔚来汽车占有的互补性资产情况对比

从上述对比图6.4中可以发现，从互补性资产的视角上对比，上汽集团具有明显优势，但蔚来汽车作为新能源创新企业，也是国内新势力车企中的佼佼者，在创业创新支持和创业创新环境方面较好。

上汽集团作为传统汽车在位企业，在选择创新产品商业化路径的过程中，具有创新企业所无法比拟的强大的通用性互补性资产，能够有助于其新能源汽车产品的成功扩散。在其新能源汽车产品布局方面，资本优势、营销网络、品牌效应等都能够为其技术创新成功获利提供有效支持。因此，其面向互补性资产的新能源汽车企业创业创新生态系统具有显著优势，在未来新能源汽车创新生态系统演化发展过程中具有较强发展潜力。

（2）企业生态位评价对比

通过对新能源汽车企业生态位评价结果的分析，从下图4.10可以发现，上汽集团的企业生态位能级整体较高，其中生态位"态"能级中的各项指标得分都较高，且都明显高于蔚来汽车。作为传统汽车在位企业，其具有的互补性资产能够助力企业有效构建较高的生态位能级。

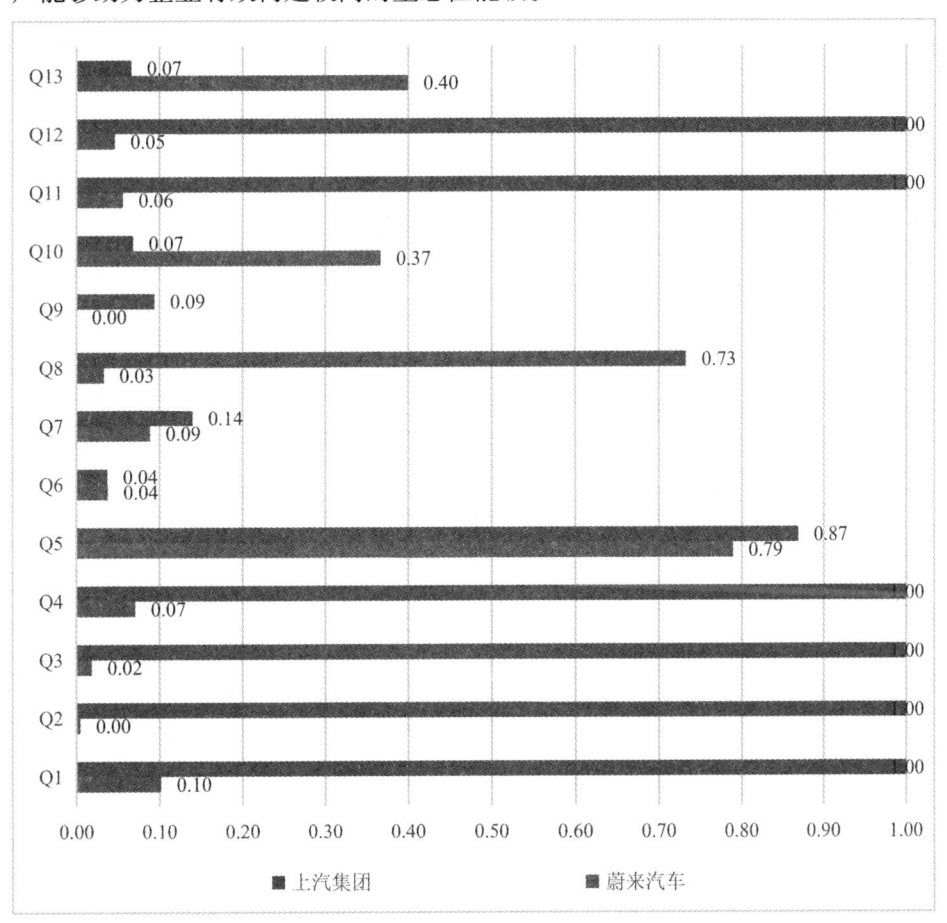

指标	上汽集团	蔚来汽车
Q1	1.00	0.10
Q2	1.00	0.00
Q3	1.00	0.02
Q4	1.00	0.07
Q5	0.87	0.79
Q6	0.04	0.04
Q7	0.09	0.14
Q8	0.73	0.03
Q9	0.00	0.09
Q10	0.37	0.07
Q11	1.00	0.06
Q12	1.00	0.05
Q13	0.40	0.07

图6.5　上汽集团和蔚来汽车企业生态位评价指标情况对比

蔚来汽车中企业生态位"势"潜力指标中有部分表现较好，例如，高质量人才比重、组织扩张水平，说明其企业目前所在生态位能级较低，但未来发展趋势较好。蔚来汽车2018年的总市值为65.3亿美元，2019年的总市值蒸发23.04亿美元。2020年，虽然上半年受新冠疫情的影响，整年总体研发支出与

2019年相比下滑44%，但市值也从2019年的42.32亿元增长11.7倍，2020年达到764.78亿元。2020年以来，蔚来汽车各项新能源汽车产品创新技术获得了突破性进展。

由此可以看出，在创新创业企业演化的开发期，并没有立即获得消费者和市场的认可，此时企业更多的精力在于创新技术的突破和积累；在企业创业期，技术积累成效逐渐凸显，凭借卓越创新水平，逐渐获得市场和消费者的认可。

6.4 路径优化对策

从目前的市场表现来看，上汽集团和蔚来汽车都是新能源汽车产品创新发展过程中的传统在位企业和创业企业成功代表。根据上文中对传统在位企业创新发展以及创新创业企业强势颠覆的相关经验总结，以及对新能源汽车企业创业创新生态系统和企业生态位的评价结果进行对比，本研究分别对传统在位企业和创业企业两种不同类型的企业层面，提出其创新生态系统路径优化的对策建议。

6.4.1 传统在位企业路径优化对策

（1）强化互补性资产优势

传统汽车在位企业发展新能源汽车产品过程中需进一步注重传统汽车相关互补性资产优势的有效传承、产业相关政策间的协同、推广政策的持续性以及积极引导社会资本进入其企业创新生态系统、刺激私人消费市场竞争环境的完善。

与西方发达国家相比，中国新能源汽车近年来发展势头迅猛，得益于我国十几年来持续的新能源汽车相关政策扶持，新能源汽车市场蓬勃发展，新能源产销均表现良好。随着后续市场的不断完善，中央和地方层面的相关扶持政策会持续降温，给予新能源汽车市场充分的自主性，让新能源汽车企业间能够在市场竞争中有序发展。

传统汽车在位企业应该充分利用其自身互补性资产的资源优势，在未来新能源汽车创新产品不断升级过程中，围绕企业创新发展定位强化关键互补性资产优势，并通过互补性资产开展一系列互补性活动提高经营效率，进行有效整合，最终形成持续的竞争优势，保持其企业生态位较高能级，在市场竞争中保持较高水平，以最大限度攫取创新创造的利润。因此，传统汽车在位企业必须要立足于互补性资产带来的生态位优势，大力培育和强化关键互补性资产，以获取在系统创新发展中持续获利的能力。

（2）加大研发投入、提高企业创新能力

技术创新能力对于提升企业创新生态系统能级具有关键性作用。传统汽车在位企业向新能源汽车领域发展的过程中，要合理安排战略布局，迅速占领未来新能源汽车市场提升企业能级。目前，与新能源汽车新势力创新创业企业相比，传统汽车在位企业在创新技术方面是有劣势的，可能会在"势"要素方面影响其企业创新生态系统的后续发展动力。因此，可以通过推动与创新创业企业合作引进先进技术或共同开发相关技术和产品等方式，提升企业创新能力。另外，传统汽车在位企业需重视相关创新技术领域的人才资源利用、提升技术研发投入、提高企业创新能力，增强其企业创新生态系统的竞争力和影响力。

6.4.2 创新创业企业路径优化对策

（1）加强创新协作

在新能源汽车创新产品市场推广过程中，除了创新技术本身外，还需要考虑相关的制造、分销、服务等方面的互补性资产保障能力。在相关互补性资产获取方面，可以选择与竞争对手进行资源整合。与有竞争力的合作伙伴及供应商建立战略合作关系，可以维持自身技术领先地位和竞争优势。在国内新能源汽车领域市场竞争日益激烈的情况下，企业不仅要注重产品的创新技术水平，还要注重通过战略合作的方式，与竞争对手之间形成合作共赢的关系，通过强强联合，实现资源的有效利用和整合。

（2）通过产学研合作聚焦资源

创新创业企业通常是具有独特的突破性创新技术进而进入创新产品竞争市场。但创新技术的不断提升需要集聚各方资源。通过建立校企联合项目构建产学研创新合作关系，能够帮助创新创业企业聚集各自优势资源，进行重点方向和关键技术的攻关和研究。高校所具备的学科基础研究优势，能够助力创新创业企业进一步提升高端技术创新能力和产业化推广水平。同时，高校的产学研合作项目也能够为企业培养和输送大量的专业技术人才。

（3）搭建金融资本对接平台

金融资本作为引导资源配置的重要驱动力，在培育和发展创新企业、推动创新产品商业化过程中起着核心支持作用。新能源汽车是未来汽车产业发展的主要方向和趋势，随着政策、技术、基础设施、法律法规、市场需求等因素的不断完善，我国汽车产业迎来了一个新的快速发展机遇期，新能源汽车创新产品的商业化离不开金融支持。目前新能源汽车企业，特别是新势力车企投资机会较多，并且很多细分领域正在吸引行业企业和资本的关注，把握机会搭建金融资本对接平台，能够帮助新能源汽车创新创业企业获得创新获利的更多互补资源。

6.5　本章小结

一大批企业正在经历深刻的变革和调整，围绕企业如何实现持续增长和获得竞争优势一直是企业界以及学术界关注的重要论题。无论是传统企业还是新兴企业，都需要通过新的战略变革和调整来适应当前复杂多变的环境，创新和创业已经成为当前企业战略管理的重要议题背景。在数字经济时代，消费者的选择权增加，从本质上改变了产品和服务的供求关系——市场进入买方主导阶段。企业应当结合行业环境和自身能力现状，以一种持续创业的发展理念来应对多样化的顾客需求，掌握战略主动，才能凭借广泛的顾客基础和卓越的价值创造能力，在市场竞争中永葆活力，获取持续竞争优势，实现基业长青。

本章选取传统汽车在位企业——上汽集团和新能源汽车创新企业——蔚来汽车做进一步对比研究。案例对比分析发现：传统在位企业和创新企业之间所拥有的互补性资产不同，其创新生态系统中各方面的表现有较大差别。对创新企业而言，突破性创新所需要的互补性资产为通用性互补资产的情况下，可以通过合同、战略合作等方面寻求互补性资产，进而获取创新优势。对传统在位企业而言，借助其本身具备的制造性资源、分销渠道、服务网络、互补性技术等方面的互补性资产，能够帮助其有效构建企业创业创新生态系统，并在创新产品推广过程中迅速获得竞争优势。

第 7 章　研究总结与展望

7.1　全书总结

新能源汽车作为战略性新兴产业，早在2010年就被提升为国家重大科技项目。经过"十城千车"示范和各级财政补贴，新能源汽车发展迅速。截至目前，中国已成为全球最大的新能源汽车市场，具有较大的市场发展潜力。新能源汽车创新产品推广已经从示范应用发展到市场应用。2020年，国务院办公厅印发《新能源汽车产业发展规划（2021—2035）》中提出，以深化供给侧结构性改革为主线，坚持电动化、网联化、智能化发展方向，以融合创新为重点，突破关键核心技术，优化产业发展环境，推动我国新能源汽车产业高质量可持续发展，加快建设汽车强国。

本书以"企业创新生态系统"为研究对象，选取新能源汽车企业为例，首先回顾和梳理了创新生态系统相关理论和研究，明确了现有理论和研究的重点、热点，并找到研究的着眼点和突破口。选取互补性资产的视角，依托创新中获利的相关研究内容，探索和研究在企业创新发展过程中，关键互补性资产对企业创新生态系统和生态位能级的作用机制，进而针对不同类型的企业对其创新生态系统路径优化提出对策建议。

7.2　不足与展望

本书的主要工作是面向互补性资产对新能源汽车企业创新生态系统和企

业生态位进行评价研究，对比传统在位企业和创业企业创新生态系统内所拥有的不同的互补性资产对其系统能级及系统演化路径产生的影响，探索关键互补性资产对创新生态系统的作用机制。但受认知能力和研究时限的影响，本书的研究深度和广度终有其限。为更加接近新能源汽车企业创新生态系统的实际情况，未来至少须从以下三个方面进一步展开研究工作：

（1）目前，我国新能源汽车产业已经进入迅速发展阶段，新成立的新能源汽车创业企业呈雨后春笋之势，但在这个过程中，真正能够成功实现创新商业化的企业少之又少。对于成功的创业企业要去研究和探索其创新成功的经验，但对未能成功实现创新商业化的企业也要去探索其失败的原因，正可谓"失败是成功之母"，了解和明确了创新失败的原因，也能够为未来选择进入新能源汽车领域的创业企业提供参考和借鉴。

（2）根据工信部发布的《新能源汽车产业规划（2021—2035年）》，到2025年，新能源汽车销量占总销量的25%，到2030年，新能源汽车销量占总销量的40%，2035年将会成为绝对主力。作为国家重要的支柱产业，汽车产业的电动化发展已经从示范应用发展到市场应用。当前阶段正处于我国工业数字化转型的新阶段，从汽车工业的角度，未来可以进一步探索新能源汽车如何结合人工智能、能源改革等新一轮科技革命和产业变革，推动新一代汽车产业"电动化+智能化"的基础设施建设。同时，也需要进一步防范新能源汽车智能化带来的网络安全、个人隐私、数据安全等方面的风险，建立全产业链全过程的风险评估体系，加快国家和地区层面的新能源汽车相关标准规范的协同监管。

（3）受限于企业相关资料和统计数据的相对匮乏，特别是微观层面的新能源汽车创业企业相关的创新生态系统指标数据不足，使本文在指标选取和数据收集方面受到很大限制，为测算研究带来很大困难。后续研究可进一步着手进行指标体系的完善和实践，并针对关键指标搜集一手数据，完善企业创新生态系统的评价研究。

参考文献

［1］熊彼特 J A. 经济发展理论［M］. 孔伟艳，等，译. 北京：北京出版社，2008.

［2］Freeman C. The economics of industrial innovation［C］. University of Illinois at Urbana-Champaign's Academy for Entrepreneurial Leadership Historical Research Reference in Entrepreneurship，1982.

［3］Freeman C. Technology Policy and Economic Performance：Lessons from Japan［M］. London：Pinter Publishers，1987.

［4］David J. Teece，Gary Pisano，Amy Shuen. Dynamic Capabilities and Strategic Management［J］. Strategic Management Journal，1997，18（7）：509-533.

［5］陈劲，唐孝威. 脑与科学——神经创新学研究评述［M］. 北京：科学出版社，2013.

［6］陈劲. 企业创新生态系统论［M］. 北京：科学出版社，2017.

［7］魏江. 创新系统演进和集群创新系统构建［J］. 自然辩证法通讯，2004：（01）：48-54+111.

［8］Adner Ron. Match your innovation strategy to your innovation ecosystem.［J］. Harvard business review，2006，84（4）.

［9］黄鲁成. 区域技术创新生态系统的制约因子与应变策略［J］. 科学学与科学技术管理，2006，11：93-97

［10］隋映辉. 城市创新生态系统与"城市创新圈"［J］. 社会科学辑刊，2004（02）：65-70.

［11］陈斯琴，顾力刚.企业技术创新生态系统分析［J］.科技管理研究，2008（07）：453-454+447.

［12］张运生.高科技企业创新生态系统边界与结构解析［J］.软科学，2008（11）：95-97+102.

［13］张利飞.高科技产业创新生态系统耦合理论综评［J］.研究与发展管理，2009，21（03）：70-75.

［14］颜永才.产业集群创新生态系统的构建及其治理研究［D］.武汉：武汉理工大学，2013.

［15］杨道红.我国集成电路产业自主创新生态系统研究［J］.电子工业专用设备，2008（9）：26-29

［16］曹如中，高长春，曹桂红.创意产业创新生态系统演化机理研究［J］.科技进步与对策，2010，27（21）：81-85.

［17］胡登峰，冯楠，黄紫微，等.新能源汽车产业创新生态系统演进及企业竞争优势构建——以江淮和比亚迪汽车为例［J］.中国软科学，2021（11）：150-160.

［18］蔡莉，鲁喜凤，单标安，等.发现型机会和创造型机会能够相互转化吗？——基于多主体视角的研究［J］.管理世界，2018，34（12）：81-94+194.

［19］Pinho J C, de Sá E S. Entrepreneurial performance and stakeholders' relationships: A social network analysis perspective［J］. International Journal of Enterpreneurship，2013，17（1）：1-19.

［20］彭秀青，蔡莉，陈娟艺，等.从机会发现到机会创造：创业企业的战略选择［J］.管理学报，2016，13（09）：1312-1320.

［21］蒲怡.创业生态系统内共生关系对机会集影响研究［D］.长春：吉林大学，2022.

［22］吕佳，林樾，马鸿佳.创业生态系统演化及其多主体知识治理结构协同研究［J］.情报科学，2021，39（10）：152-157.

［23］闫安，达庆利.企业生态位及其能动性选择研究［J］.东南大学学报

（哲学社会科学版），2005（01）：62-66+124.

[24] 朱瑞博，刘志阳，刘芸.架构创新、生态位优化与后发企业的跨越式赶超——基于比亚迪、联发科、华为、振华重工创新实践的理论探索[J].管理世界，2011（7）：69-97

[25] 秦玮.基于生态位理论的产学研联盟中企业动机与绩效研究[D].上海：上海交通大学博士论文，2011

[26] 颜振军，李静，石俊锋，等.生态位视角下北京市科技企业孵化器发展评价[J].中国科技论坛，2022（05）：136-146+166.

[27] 施建刚，张永刚，吴光东.基于生命特征的城市竞争生态位评价分析[J].中国人口·资源与环境，2018，28（01）：35-43.

[28] 张光宇，刘苏，刘贻新，等.新型研发机构核心能力评价：生态位态势视角[J].科技进步与对策，2021，38（08）：136-144.

[29] 万伦来.企业生态位及其评价方法研究[J].中国软科学，2004，（1）：73-78

[30] 宋燕飞，尤建新，邵鲁宁，等.电动汽车企业生态位的态势效率评价[J].同济大学学报（自然科学版），2015，43（06）：951-957.

[31] 颜爱民.企业生态位评价指标及模型构建研究[J].科技进步与决策，2007，（7）：156-160

[32] 胡仁杰，张光宇，刘贻新.高新技术企业技术生态位测度与评价[J].辽宁工程技术大学学报（自然科学版），2013，32（6）：861-864

[33] 石博，田红娜.基于生态位态势的家电制造业绿色工艺创新路径选择研究[J].管理评论，2018，30（02）：83-93.

[34] 郭兵，李富华，罗守贵.基于互补性资产的文化传媒企业生态位态势效率评价研究[J].现代管理科学，2015（11）：27-29.

[35] Hannan M., Freeman J. Structural Intria and Organizational Change [J]. American Sociological Review, 1977, 49（2）：147-161

[36] 钱辉，张大亮.基于生态位的企业演化机理探析[J].浙江大学学报人文社会科学版，2006，36（2）：20-26

[37] Baum J., Itendra A. C., Singh V. Organizational Niche and the Dynamics Organizational Founding [J]. Organization Science, 1994, 5(4): 11-26

[38] 许芳, 李建华. 企业生态位原理及模型研究 [J]. 中国软科学, 2005, (5): 130-139

[39] 侯杰, 陆强, 石涌江, 等. 基于组织生态学的企业成长演化: 有关变异和生存因素的案例研究 [J]. 管理世界, 2011, (12): 116-130

[40] Mcpherson M. An ecology of affiliation [J]. American Sociological Review, 1983, 48: 519-532.

[41] Mcpherson M. Evolution in communities of voluntary organizations [M]. Organizational Evolution: New Directions, Newbury Park, 1990

[42] Zhao Z., Ling W., Zillante G. An evaluation of Chinese wind turbine manufacturers Using the Enterprise Niche Theory [J]. Renewable and Sustainable Energy Reviews, 2012, 16(1): 725-734

[43] 宋燕飞, 邵鲁宁, 尤建新. 互补性资产研究综述 [J]. 工业技术经济, 2013(4): 141-151

[44] 王发明, 朱美娟. 互联网平台企业主导的创新生态系统演化风险识别及规避 [J]. 中国科技论坛, 2021(03): 75-83

[45] 张庆红. 创业期高新技术企业竞争力的评价研究 [D]. 保定: 华北电力大学, 2008.

[46] 皇甫冰瑞. 公司创业、互补性资产对竞争优势的影响研究 [D]. 长春: 吉林大学, 2021.

[47] David J. Teece. Profiting from technological innovation: Implications for integration, collaboration, licensing and public policy [J]. Research Policy, 1986, 15(6).

[48] David J. Teece. Reflections on "Profiting from Innovation" [J]. Research Policy, 2006, 35(8).

[49] Michael G. Jacobides, Thorbjørn Knudsen, Mie Augier. Benefiting from

innovation: Value creation, value appropriation and the role of industry architectures [J]. Research Policy, 2006, 35 (8).

[50] Adner, Ron, Kapoor, et al. Value creation in innovation ecosystems: how the structure of technological interdependence affects firm performance in new technology generations [J]. Strategic Management Journal, 2010 (31): 306-333.

[51] 张仁开. 上海创新生态系统演化研究———基于要素·关系·功能的三维视阈 [D]. 上海: 华东师范大学, 2016.

[52] Wessner, C. W. Innovation policies for 21st century [R]. Report of a Symposium Committee on Comparative Innovation Policy. Washington DC: National Research Council, 2007.

[53] 吴金希. 创新生态体系的内涵、特征及其政策含义 [J]. 科学学研究, 2014, 32 (1): 44-51.

[54] 张运生. 高科技产业创新生态系统耦合战略研究 [J]. 中国软科学, 2009 (1): 134-143.

[55] 伍春来, 赵剑波, 王以华. 产业技术创新生态体系研究评述 [J]. 科学学与科学技术管理, 2013, 34 (7): 113-121.

[56] 陈劲, 黄淑芳. 企业技术创新体系演化研究 [J]. 管理工程学报, 2014, 28 (4): 219-227.

[57] 陈强, 肖雨桐, 刘笑. 京沪独角兽企业成长环境比较研究——城市创新创业生态体系的视角 [J]. 同济大学学报（社会科学版）, 2018, 29 (05): 106-114.

[58] 仵凤清, 李建侠. 基于突变级数法的企业自主创新能力评价及提升路径研究 [J]. 科学学与科学技术管理, 2010, 31 (11): 33-39.

[59] 陈蕾, 程小亮. 我国上市企业股权激励模式探析 [M]. 商业经济, 2018, (7): 170-172.

附录 A 新能源汽车企业创业创新生态系统评价指标原始数据

	单位	E1	E2	E3	E4	E5	E6	E7	E8
P1	/	0.0049	0.0039	0.0038	0.0021	0.0197	0.007	0.052	0.0229
P2	/	0.1566	0.224	0.1546	0.0499	0.4103	0.0653	2.71	0.0325
P3	亿元	45.92	41.14	32.86	106	1050.0105	55	196.685	13.7411
P4	/	-0.0485	-0.0741	-0.0052	0.0134	0.0889	0.0324	0.037	0.0003
P5	/	18.6839	9.1715	15.9400	5.6883	8.1593	18.2783	12.2311	18.6845
P6	/	1.0025	-0.576	70.3797	5.2323	2.9713	0.595	14.1727	20.1506
P7	/	31.6	37	38.7	15.38	5	20.63	34.28	11.38
P8	人	15204	13978	11901	288186	99290	44000	15059	4463
P9	/	0.5408	0.358	0.3361	0.6476	0.4917	0.4773	0.6414	0.6578
P10	/	-0.2426	0.78	1.1118	-0.3403	7.0058	-0.2192	0.1629	-0.9477
P11	/	1.2227	2.5914	1.8561	0.3802	0.7067	0.1031	5.1	-0.0611
P12	%	20.96	19.13	24.07	38.72	21	26.32	67.66	28.18
P13	亿元	29.88	24.4	7.51	171.0494	109.2647	209.01	168.3743	24.6568
P14	亿元	9.0866	9.6641	9.131	52.5861	32.202	1.827	73.3	13.4118
P15	/	8	4	5	27	12	49	38	23
P16	/	48	46	41	56	50	59	61	52

附录 B 新能源汽车企业生态位评价指标原始数据

编码	单位	E1	E2	E3	E4	E5	E6	E7	E8
Q1	辆	90866	96641	91310	525861	322020	18270	733000	134118
Q2	亿元	19.66	-10.95	83.4	2026.6646	12897.0855	2026.6646	2026.6646	2026.6646
Q3	亿元	-39.75	-48.37	-1.53	45.18003	413.386	46.65	415.5766	1.9208
Q4	亿元	380.63	421.47	410.64	1042.4421	1921.1373	702.21	3287.7073	158.6727
Q5	%	31.6	37	38.7	15.38	5	20.63	34.28	11.38
Q6	/	15204	13978	11901	288186	99290	44000	15059	4463
Q7	/	-0.2426	0.78	1.1118	-0.3403	7.0058	-0.2192	0.1629	-0.9477
Q8	/	-0.1055	-0.1154	-0.0078	0.0381	0.183	0.062	0.1032	0.0008
Q9	/	109.5	253.6	172.9	315.7	132.5	110.1	128.9	169.12
Q10	/	1.1156	1.3835	3.1547	0.203	0.5336	0.2513	0.1547	-0.0654
Q11	/	0.0049	0.0039	0.0038	0.0021	0.0197	0.007	0.052	0.0229
Q12	/	0.1566	0.224	0.1546	0.0499	0.4103	0.0653	2.71	0.0325
Q13	/	0.748	1.3835	1.9058	0.3213	0.5336	0.5864	0.1047	-0.023